FEIXIANG TAIKONG CONGSHU

飞向太空丛书

太空之子
世界宇航员轶事

本丛书编委会◎编

王利群　王秋燕　辛林沛◎编著

U0727763

世界图书出版公司

广州·北京·上海·西安

图书在版编目（CIP）数据

太空之子：世界宇航员轶事/《飞向太空丛书》编委会
编.—广州：广东世界图书出版公司，2009.4（2024.2 重印）
（飞向太空丛书）
ISBN 978 – 7 – 5100 – 0583 – 1

Ⅰ. 太… Ⅱ. 飞… Ⅲ. 航天员—青少年读物 Ⅳ. V527 – 49

中国版本图书馆 CIP 数据核字（2009）第 056510 号

书　　名	太空之子：世界宇航员轶事	
	TAI KONG ZHI ZI SHI JIE YU HANG YUAN YI SHI	
编　　者	《飞向太空丛书》编委会	
责任编辑	刘止武	
装帧设计	三棵树设计工作组	
出版发行	世界图书出版有限公司　世界图书出版广东有限公司	
地　　址	广州市海珠区新港西路大江冲 25 号	
邮　　编	510300	
电　　话	020-84452179	
网　　址	http://www.gdst.com.cn	
邮　　箱	wpc_gdst@163.com	
经　　销	新华书店	
印　　刷	唐山富达印务有限公司	
开　　本	787mm×1092mm　1/16	
印　　张	13	
字　　数	160 千字	
版　　次	2009 年 4 月第 1 版　2024 年 2 月第 8 次印刷	
国际书号	ISBN　978-7-5100-0583-1	
定　　价	49.80 元	

"光辉书房新知文库"

总策划/总主编:石 恢

副总主编:王利群 方 圆

本书作者

王利群 解放军总装备部某高校教授

王秋燕 总装备部政治部创作室专业作家

中国作家协会会员

辛林沛 中央电视台节目主持人

插上科学的翅膀，明天太空见

签名

一直以来，人类就梦想着更加自由地飞翔，也渴望着更加近距离地去探索太空的秘密。随着我国"神舟"系列飞船的陆续升空，以及新一轮登月竞赛在各国间的迅速展开，全球的目光再一次被吸引到辽阔的天空以及更加浩瀚的星际空间。那些关于飞翔的梦想也更深入地植根于青少年朋友的心灵之中。

航空航天集中体现了一个国家的科学技术、工业、经济、国防等综合实力的水平，航空航天文化渗透于经济、文化、教育旅游、娱乐和体育等各个领域。而航空航天科普更是科普教育的一个重要组成部分，广大公众特别是青少年朋友对航空航天科技知识的了解，将直接影响到航空航天事业未来的发展。早在1998年召开的全国首届航空航天科普教育研讨会上，就有学者指出："要发展我们的航空航天事业，也需要从娃娃抓起。"对广大青少年进行航空航天科普教育，是我国经济发展和现代国防建设的客观需要。

当站立在月球之上的美国宇航员阿姆斯特朗说："我现在迈出的是一小步，但在人类历史上却是一大步！"时，我们都知道，即使那"一小步"中，也包含了无数的知识积累、无数的理论探索、无数的发明创造、无数的试验模拟，以及无数的失败。那之中凝结了多少代人的梦想与激动，也就凝结了多少代人的智慧与汗水。在我们的国家航天员训练中心，训练时航天员因为要承受非常大的加速度，面部都会变形，眼泪也会止不住地流下来，鼻子堵塞，十分痛苦。航天员若实在承受不了，只要按一下手边的报警器，工作人员就会把训练器械停下来，但多年来，从没有一个人按过那个报警器。这不过是航天员系统中航天员训练的一个小小细节。而整个载人航天工程是规模宏大的现代化系统工程，除了航天员系统外，还包括空间运用、载人飞船、运载火箭、发射场、测控通信、着陆场等6大系统，涉及航空、船舶、兵器、机械、电子等诸多领域，参与的人员更是数以万计。从1999年到2009年，每一年都是科学攻关年；从"神一"到"神七"，每一次发射都是新的突破。正是这么多人这么多年的精诚合作，才保证载人航天工程的顺利进行。正如俄罗斯科学家齐奥尔科夫斯基所说，"地球是人类的摇篮，但是人类不会永远生活在摇篮里。"这句话不仅鼓舞了一代又一代的航天工作者，还将激励着今天和以后的年轻朋友们。采取多种形式开展航空航天科普活动，寓教育于娱乐之中，不仅仅给予青少年朋友航空航天科普知识教育，而且还能发挥理想教育、爱国主义教育、智力启发教育和手脑并用教育的作用。今天，年轻朋友们除了怀有比先辈更多的好奇与梦想之外，还应该插上科学的翅膀，拥有更为广阔的视野和更为扎实的知识储备。如果你们在探索精神和勇敢精神方面同样不输于先辈，那么我真诚地欢迎你们，欢迎你们加入英雄的航天人团队，让我们相约——明天太空见！

目　录

航天员：勇敢者的职业

15—16 世纪，随着哥伦布发现美洲新大陆以及麦哲伦对地圆说的证实，人类对自己所生活的这个星球有了更进一步的了解。从此，人类探索的足迹开始遍布地球上的每一个角落。

随着社会的进步，尤其是近代科学技术的进步，人类对自身以及生存环境的探索也开始飞速发展。人类的生活空间已不仅仅局限于自己脚下的这一方土地，宇宙这片未知的领域无时无刻不在诱惑着一代又一代的人们前去探索。

1961 年 4 月 12 日，27 岁的苏联人加加林乘坐"东方 1 号"飞船在空间遨游了 108 分钟，成为人类历史上第一位进入宇宙空间的人，并由此揭开了载人航天发展史的序幕。从此，人类便增添了一种勇敢的职业——航天员。40 多年来，航天员在载人航天史上创造了一个又一个新的纪录，为空间科学的发展做出了巨大的贡献。

1961 年 5 月 5 日，谢波德乘坐时速 8000 多千米的水星飞船——"自由 7 号"飞往太空，成为第一个遨游太空的美国人。

1965 年 3 月 18 日，苏联航天员列昂诺夫在宇宙中迈出了人类太空行走的第一步，开创了人类在太空行走的先例。

1969 年 7 月 16 日，美国"阿波罗 11 号"载人飞船经过 75 小时 50 分钟的飞行后，进入环月轨道。7 月 21 日格林尼治时间 2 时 56 分，航天员

— 1 —

将左脚踏到月球上，成为世界上第一个踏上月球的人，并说出了一句广为流传的名言："这对一个人来说，只不过是小小的一步，可是对人类来讲，却是巨大的一步。"

1963年6月16日至19日，苏联航天员瓦莲享娜·捷列什科娃驾驶"东方6号"宇宙飞船在太空遨游了70小时50分钟，成为在太空中绽放的第一朵"铿锵玫瑰"。

2003年10月15日，38岁的杨利伟搭乘我国自行研制的"神舟五号"载人飞船在中国酒泉卫星发射中心升空，开启了我国载人航天事业的新篇章，他也因此成为茫茫太空迎来的第一位中国游客。

2005年10月12至17日，我国又成功进行了第二次载人航天飞行，也第一次将我国两名航天员——费俊龙和聂海胜同时送上太空。

2008年9月25日，我国第三艘载人飞船"神舟七号"成功发射，三名航天员翟志刚、刘伯明、景海鹏顺利升空，再续中国载人航天的新辉煌！中国随之成为世界上第三个掌握空间出舱活动技术的国家。

……

然而，人类探索太空的历史，也是一部冒险的历史，一部勇敢者的历史。融汇了现代尖端科技的载人航天活动，同时也是一项充满风险与挑战的事业。无论计划有多么好，太空飞行永远是极其危险的活动。

1967年4月24日，苏联航天员弗拉基米尔·科马罗夫驾驶的"联盟号"飞船返回地面时减压伞未能打开，飞船坠毁，航天员丧生。

1971年6月29日，在太空完成24天轨道试验的苏联航天员格奥尔基·科马罗夫、弗拉基米尔·沃尔科夫和维克托·帕沙耶夫返回地面，就在与预定降落时间还有30分钟时因减压操作失误而丧生。

1986 年 1 月 28 日，美国"挑战者号"航天飞机在升空 73 秒后爆炸，7 名航天员全部丧生，其中包括中学女教师克里斯塔·麦考利夫（Christa McAuliffe）。

……

2003 年美国"哥伦比亚号"航天飞机的失事更是震惊了全世界。此次灾难，使"是否继续进行载人航天飞行"重新成为人们争论的话题。

面对如此严酷的航天飞行环境、极大的飞行风险、复杂的航天员保障系统以及昂贵的航天员培养，我们真的需要将人送上太空吗？当今机器人制造技术日趋完善，无人驾驶飞机已投入使用，自动化技术水平不断提高。我们是否应该用机器人代替人类的航天员呢？

然而，根据美国、俄罗斯等国近 40 年载人航天的实践证明，任何自动化系统都无法替代人的作用。人的眼、耳、鼻、脑、手对飞船内外各种信息的收集、分析、判断和处理具有很高的灵活性和随机应变能力。人和自动化系统结合后，能发挥更大的效力。

尽管进入太空风险多多，但载人飞行是探索太空的需要，人类只有进入太空，才能对太空进行真正的了解。每一次升空，都是一次冒险，航天员都面临巨大的风险，完全可能一去不返，但他们不畏惧，不退缩，义无反顾，甚至做好了随时牺牲的准备。从这个意义上说，每一个升空的航天员，都是英雄，都值得我们钦佩。

人类航天史群星闪耀。在这里，我们为大家精心搜寻了几十颗最耀眼的星座。正是他们，把人类遨游星空的朴素梦想一次次变成现实。无论成与败，他们都是我们心目中的英雄，走近并了解他们，就是我们表达敬意的最好方式。

登天第一人——加加林

1961年4月12日，加加林乘坐重达4.75吨的"东方号"宇宙飞船进入太空，成为世界上第一个进入宇宙空间和从宇宙中看到地球全貌的人。

我一定要上天飞行

1934年3月9日，尤里·阿列克谢耶维奇·加加林（Юрий Алексеевич Гагарин）出生于苏联斯摩棱斯克州格扎茨克区的一个农民家庭。和大多数普通的男孩子一样，小时候的加加林有些顽皮、淘气，但他却比同龄的孩子更聪明，爱好更为广泛。

尤里·加加林

上小学的时候，加加林参加了科技兴趣小组。在那里，他学会了制作航模。当看到自己亲手制作的航模在阳光下飞行的时候，他对太空的热情被一点点激发出来。当时正值苏联卫国战争期间，偶然的一次机会，加加林见到了一架真正的军用飞机，年幼的他暗暗下定决心：一定要上天飞行，为国争光！

在理想的力量驱使下，加加林开始贪婪地学习航天知识。在恩师别斯帕洛夫的指导之下，他开始接触奥尔科夫斯基的作品，并被其思想深深感染。

1951年，加加林以优异的成绩毕业于柳别尔齐职业中学，成为受训冶金工人并继续在萨拉托夫工业技术学校学习。在此期间，加加林没有放弃自己的爱好，坚持在业余时间学习飞行。1955年，他从萨拉托夫工业技术学校毕业后作为优秀学员被选送到奥伦堡航空军事学校学习飞行。1957年，他参军并成为苏联北方舰队航空军团的一名歼击机飞行员。

加加林当飞行员时的照片

当苏联第一颗卫星发射升空时，加加林正在航空学校深造，得知这一消息的他十分激动，因为他觉得当一名真正的航天员已经不再那么遥不可及了。当苏联第二颗人造卫星上天时，加加林坚定了自己当航天员的决心。在媒体报道卫星上天消息的第二天，他就申请加入航天员预备队。

1959年10月，苏联首位航天员的选拔工作在全国展开。加加林从3400多名35岁以下的空军飞行员中脱颖而出，成为20名入选者中的一员，并于1960年3月开始在苏联航天员训练中心接受培训。在训练中，加加林凭借坚定的信念、良好的体质、过人的机智和乐观主义精神成为苏联第一名航天员，他离自己的人生目标又近了一步。

差一点被人替换

当苏联紧锣密鼓地开展载人航天试验时，美国人也在积极准备将人类送入太空，不过他们使用猴子做试验品（苏联用狗作为研究对象）。当时全美都在大肆宣传，号称1961年5月2日将首次发射载人飞船。当时苏联负责载人航天研究工作的宇航专家谢尔盖·科罗列夫（Сергей Павлович Королёв）当然不愿意让美国人抢了首航太空的头彩。尽管"东方号"飞船的总设计师认为，50%的成功率还不足以进行载人航天飞行，但是科罗列夫还是决定铤而走险：领先美国人数周进行"东方号"载人飞船发射。

加加林在做早操

1961年3月30日，苏共中央再次收到宇航局的联合报告，要求进行载人航天飞行。1961年4月3日，苏共中央同意其请求，定于4月12日进行载人航天飞行。

就在最后敲定载人航天员的时候，有人建议用尚未生儿育女的另一位航天员季托夫替换加加林，因为加加林已是两个年幼女孩的父亲。但是科罗列夫坚持选用加加林，并亲自对他进行了临飞前的测试。

在起飞的前一天，科罗列夫和加加林站在发射场金属梯的小平台上进行了一次简短而又意味深长的对话。科罗列夫语重心长地对加加林说：

"从高空看我们的地球一定非常美。有福气的人啊，您将是第一个在空中那么高的地方看到地球的人呢。"科罗列夫脸上的微笑随之变得凝重，"无论是发射还是飞行都不是轻而易举的。尤拉，你既要经受超负载，又要经受失重和我们预料不到的种种情况，明天的飞行肯定有很大的风险。这对你来说是老生常谈。"思索片刻之后，科罗列夫又哈哈大笑安慰加加林："一切都会好的，我对成功有绝对的信心！"加加林立刻明白此次飞行对苏联、对世界的重大意义。他深感责任重大，坚定地说："我也是一样，我将全力以赴地完成这项光荣的任务！"

险象环生的第一次太空飞行

因为谁也没有把握保证首航太空会取得成功，所以苏联宇航部门为塔斯社（TACC）预备了内容迥异的三篇稿子：一篇称首航获得成功，另一篇称飞船未能进入预定轨道，第三篇称飞船失事，飞行员不幸遇难。

临飞前，加加林向全人类发表了讲话：

尊敬的朋友们、亲人们、素不相识的人们、同胞们、各国各大洲的人们：几分钟后，强大的宇宙飞船将把我送入遥远的宇宙空间。在起飞前这屈指可数的几分钟里，我想要对你们说些什么呢？

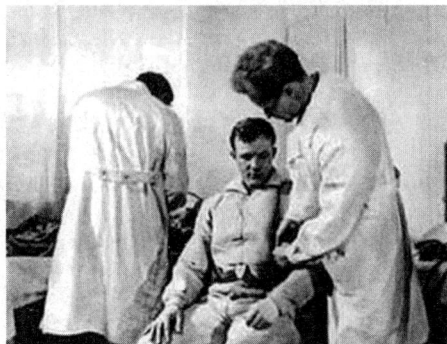

加加林在起飞前接受医生的检查

我的一生，此刻在我看来，

加加林在宇宙飞船起飞前向人们挥手告别

只是一个美好的瞬间。先前所经历过、所做过的一切，似乎都是为了如今这一时刻的降临。为了即将到来的这个时刻，我们为此做了长期的准备，投入了极大的热情。此刻，我很难理清自己的思绪。当我被告知将完成历史上的首次载人飞行时，那一刻的心情无法言喻。高兴？不，不仅是高兴。骄傲？不，还不完全是骄傲。我感到非常幸福。我将成为进入太空的第一人，与自然界进行从未有过的一对一的较量，我还能奢求更多吗？

在幸福之余，我开始思考降临到我头上的重大责任。我将第一个去实现数辈人的理想，第一个去铺设人类通往宇宙的道路……请告诉我还有比我所承担的任务更复杂的吗？这不是对一个人、数百人、一个集体负责，这是对全苏联人民、全人类、对人类的今天和未来负责。尽管责任重大，但我还是接受了这一任务，只因为我是一名共产党员。我的同胞即苏联人民表现出的无与伦比的英雄主义，是我的榜样。我知道，我将尽己所能，最出色地完成任务。我知道这一任务责任重大，我将尽力完成共产党和苏联人民交给我的任务。

即将展开太空之旅的我是否幸福？当然，我很幸福。无论在什么时期，对人类而言，最大的幸福莫过于投身新发现。我想将首次太空飞行献给共产主义社会的人们，苏联人民已经进入了共产主义，我相信，全球所有人都将步入共产主义社会。

离起飞只有几分钟了。我要对你们，亲爱的朋友们，说再见了！在踏上漫漫征程前，人们总是这样告别。我很想拥抱所有人，无论是熟人还是陌生人、远在天边还是近在咫尺！

　　希望我们很快会重逢！

1961 年 4 月 12 日

　　就在飞船升空前，科罗列夫安慰加加林说："尤拉，你不要紧张。不论你着陆到哪个角落，我们都能找到你。目前空军的战机已经升空进入戒备。为了预防飞船会着陆到苏联境外，我们已经准备好了向世界各国要求协助搜救的呼吁书。"

　　9 点零 7 分，火箭发射升空，一条火龙载着加加林直冲云霄。

　　108 分钟的太空之旅可谓险象环生：飞船气密传感器发生故障（为此，发射前的数分钟内不得不先松开然后重新拧紧舱盖上的 32 个螺栓）、通信线路一度中断（本来应显示吉利的信号"5"，结果跳出个表示飞船失事的数字"3"）、第三级火箭脱离后飞船开始急剧旋转、返回时还惊现飞船胡乱翻滚的一幕……

1961年4月15日，加加林发表讲话

　　10 点 55 分，加加林成功弹射出舱，在离飞船不远处着陆，一小时后被搜寻人员发现。

　　科罗列夫的冒险成功了，全世界人都看到了：第一个进入太空的是俄罗斯人尤里·加加林。

这次飞行之后，世界各国报纸立即对此进行了报道，加加林的名字立刻在全球家喻户晓。他也因此荣获列宁勋章并被授予"苏联英雄"和"苏联航天员"称号。在这次历史性的飞行之后，加加林曾多次出国，访问过 27 个国家，22 个城市授予他荣誉市民称号。

死因成谜

首次太空飞行之后，加加林积极参加训练其他航天员的工作，1961年 5 月成为航天员队长，1963 年 12 月荣升为航天员训练中心副主任。在训练其他航天员的同时，他自己并没有放弃训练，希望能够再次进入太空。在进行宇航训练之余，他也未放弃驾驶歼击机，还专门进入茹科夫斯基航空军事学院继续学习飞行，并于 1968 年毕业。

加加林驾驶的飞机失事现场

1968 年 3 月 27 日，加加林和飞行教练员谢廖金在一次例行训练飞行中不幸遇难。加加林死后，其骨灰被安葬在克里姆林宫墙壁龛里，他的故乡格扎茨克被命名为加加林城，他训练所在的航天员训练中心也以他的名字命名。为纪念加加林首次进入太空的壮举，前苏联把每年的 4 月 12 日定为宇航节，并在这一天举行隆重的纪念活动，缅怀这位英雄人物。

调查加加林死因的委员会是 1968 年 3 月 28 日建立的，所有有关调查工作的文件随后被当局列为机密文件。有关加加林之死的唯一一份官方

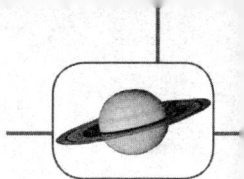

文件是讣告，讣告称："加加林死于训练飞行中的一个灾难。"讣告是由苏共政治局签发的，未提到加加林和机上另一位飞行员谢廖金的死因。

加加林和谢廖金1968年3月27日驾驶一架米格－15战斗机执行训练任务，那架5吨重的飞机在坠毁时解体成数块。数个苏军部队被要求在坠机地点12千米范围内展开搜索。专家们收集了战斗机90%的残骸，这令人感到意外，因为他们通常只能收集到40%至80%的残骸。营救人员在悲剧发生后并没有立刻找到坠毁地点。当局最初认为，两位飞行员已跳伞，但是人们并未发现加加林和谢廖金的白色降落伞。坠机地点后来在丛林里被找到，官方在六小时后封锁了坠机地点。在坠机地点进行检查的专家对目击到的一切感到震惊。他们发现，两位飞行员根本没有降落伞，他们只发现了有人用刀子割破的伞绳。以下是对加加林死因六种可能性的分析：

一、死于恐怖分子之手

有人将伞绳割破从而使飞行员无法跳伞逃生，加加林和谢廖金根本没有生还的可能性。不过，很少有人知道，其实克格勃在坠机事件发生三天后就找到了降落伞，降落伞是在附近村庄被发现的，当地人发现了坠机现场，割破了伞绳，盗走了降落伞，他们以为降落伞的伞布有朝一日能派上用场。

二、飞鸟撞击

委员会成员在坠机坑里发现了一只死鸟。专家们立刻推测，加加林的座机与鸟相撞后坠毁。然而鸟类学家称，这只死鸟不是导致飞机坠毁的原因，他们甚至认为，这只死鸟是被一只鹰杀死的。

三、醉酒

这种说法认为加加林和谢廖金都喝醉了，两位飞行员在飞行前两天曾喝过伏特加，不过两人3月26日当天都没有喝酒。值得注意的是，当时包括政府官员、军官、外国官员在内的所有人都想会见首位太空人，并与他喝上一杯。

四、技术故障

加加林所驾驶的那架飞机机龄已很长了，部件已老化，而且在飞行开始之前他没有与气象部门进行联系以确定当天的天气是否适合飞行。米格-15没有黑匣子，飞机上有飞行记录仪，但它只能记录速度和高度，飞行记录仪当天未装纸。两部雷达本应对飞行进行跟踪，但测高雷达当天发生了故障。委员会认为，飞机在坠地之前一切正常。

五、人为失误

研究加加林遇难原因的研究人员比洛特科维斯基中将称，加加林驾驶的米格-15是因为陷入另一架飞机所造成的涡流而坠毁的。

六、撞上气象气球

第二位进入太空的苏联航天员季托夫认为，加加林的飞机撞上了一个气象气球。事实上，军方在那一地区发现了10个气象气球。

无论加加林的真正死因为何，他的名字都将永远同航天事业联系在一起。人们永远怀念他，不仅仅因为他是第一个飞上太空的人，还因为他伟大的人格魅力，他是全人类的光辉榜样！

最年轻的航天员——季托夫

1961年8月6日，季托夫乘坐"东方2号"宇宙飞船绕地球航行时年仅25岁。他是迄今世界上进入太空飞行最年轻的航天员。

虎父无犬子

盖尔曼·季托夫（Герман Степанович Титов），1935年出生于苏联阿尔泰州科斯亨区。父亲是位老师，多才多艺，不仅擅长乐器、写诗和演讲，还会开拖拉机、做木匠活、做园艺。他甚至在季托夫上五年级时学习德语，为的就是教会儿子德语。

在父亲的影响和培养下，季托夫从小就品学兼优，十分惹人喜爱。他像父亲一样，做事有始有终，具有强

苏联宇航员，右四为季托夫

烈的责任感。一次，他家乡有位司机报名参加了空军，回乡时身着军装，肩章上的金纽扣闪闪发光。虽然他不过是某个机场军需部门的一名小兵，但在家乡人眼中，简直可说得上是衣锦还乡。这件事给年幼的季托夫留下了深刻印象。从此，当一名飞行员的梦想便种在他幼小的心灵中。

以优异的成绩从中学毕业后，季托夫参加了航校驾驶技术考试，之后进入斯大林格勒飞行员学校学习，毕业后正式成为了一名飞行员，圆

了儿时的梦想。

从斯大林格勒飞行员学校毕业后，季托夫曾在列宁格勒郊外的锡韦尔斯基镇服役。他的飞行员生涯一直很顺利，服役两年就获得了两个列宁格勒共青团市委证书，《接班人》杂志还对他进行过采访。

差点儿与航天员职业失之交臂

1957 年，苏联载人航天飞行计划秘密进行筹备。1959 年 10 月的一天，季托夫的领导请他去谈话，问他愿不愿意乘坐新式飞机飞行。是乘火箭，还是卫星？季托夫感到好奇。他驾驶过米格－17、米格－15 战斗机，它们都重达几吨，比第一颗卫星大很多。太空飞行，这在当时似乎是不可想象的。当得知自己即将入选航天员队伍，并有机会进入太空飞行时，季托夫十分兴奋和激动。

接下来的许多时间，季托夫都是在图书馆里度过的。他喜欢上了齐奥尔科夫斯基的《关于地球与天空的幻想》一书，并从中了解了许多航空航天的知识。

1959 年 12 月，季托夫休假回来，原先他所在的团已经取消，他被分到另一个团。当他了解到，在他休假期间曾有通知调他到航天员中队，但通知被人寄回去了，他愤怒极了，坚决地追回了通知。12 月 25 日他来到莫斯科航天员中队报到，那里共有 20 名年轻的飞行员。当时他们没有专门的训练基地，只能到离住地不远的部队受训。后来的训练场就是在此基础上建成的。

季托夫和其他入选的飞行员一道进行了严格的身体训练和科学实验。由于表现出色，他很快就顺利通过了测试，入选了航天员的后备队伍。

季托夫的优异表现也给宇航专家科罗列夫留下了深刻印象："反应迅速、灵活机敏、镇定自若是季托夫的显著特点，并且他的观察力和做出严格分析的能力又是难能可贵的。"其

季托夫和加加林在闲谈

实，当初季托夫是和加加林一起作为候选人参加第一次载人航天飞行的，只不过他的乌克兰血统最终阻碍了他完成自己的梦想。

迟来的太空飞行

季托夫乘坐的"东方2号"宇宙飞船

在加加林的太空飞行成功之后，季托夫当仁不让地成为苏联第二个飞上太空的人选。尽管自身条件十分优越，季托夫还是在自己的首次太空飞行之前做足了准备工作，比如到工厂、研究所、实验室学习新技术，熟悉设备性能，和其他航天员探讨交流经验，并请加加林讲述自己的心得体会，等等。

1961年8月6日早晨，季托夫驾驶"东方2号"宇宙飞船以每小时2.8万千米的速度进入近地轨道。在飞行的过程中，他经受住了超重、发动机噪音和机器震动、失重等一系列严峻的考验。在飞船平稳飞行以后，季托夫开始对飞船的设备进行检查，并用摄像机第一次拍摄了太空、地面和月球的景象。凭借扎实的基本功和多年积累的经验，季托夫准确而

又娴熟地完成了一系列试验操作。医生通过无线电遥测设备测量出他在飞行中的生理参数，监视他的声音和脸色变化，一切正常。

季托夫从太空中拍摄的第一张地球照片

在飞船飞行到第四圈时，季托夫开始第一次休息，然后开始进行体育锻炼。在飞船运行到第六圈时，他开始吃晚饭。第七圈时开始睡觉。等他一觉醒来，身体的不适感一扫而光。

在太空飞行中，睡眠也是有时间限制的。有一次他居然多睡了35分钟。计划安排睡觉的时间是晚19时至凌晨2时，可温控系统有点毛病，他2点差10分醒来，想再眯一会，结果睡过了头。

季托夫十分留恋太空飞行，后来他在回忆时说："从飞船上看地球，就像从飞机上俯瞰地球一样，只是略小了些。地球上光与影的交错仿佛黄昏时刻。周围白云缭绕，眼前总是一片明亮；而远处是一条淡蓝色的镶边。"

在飞船飞行到第16圈时，地面指挥中心通知他返航。他飞完最后一圈，并战胜了飞船制动产生的超重，在接近地面时从飞船上弹射出来，乘降落伞在距萨拉托夫州红角村不远的田野着陆。至此，季托夫乘"东方2号"宇宙飞船绕地球航行25小时11分钟，完成了自己的首次太空飞行，创造了又一航天奇迹。

未完成的理想

季托夫在此次飞行以后再没有前往过太空，而是进入茹科夫斯基空军工程学院和伏罗希洛夫军事学院深造，并获得了副博士学位。他的研究重点是解决火箭飞行器问题。1964年起，他领导一个实验小组先

季托夫晚年的照片

于美国开始研制可多次使用的"螺旋号"宇宙飞船。但这项工作没能成功，其前景也没有得到军方的认可，课题也最终流产了。1972—1979年他担任了国防部航天设备总局第一副局长，主管科技工作。

季托夫是世界上最年轻的航天员——1961年8月他第一次飞上太空时还不满26岁。1998年，美国航天员格伦以77岁高龄飞上太空，成为世界上年龄最大的航天员。因此，季托夫晚年最大的理想，就是在他78岁时再进入太空，他要再创纪录。然而2005年9月21日，季托夫带着这个小小的遗憾溘然长逝，享年70岁。俄罗斯为他举行了盛大的悼念安葬仪式，以表达对这位民族英雄的深切怀念。

太空漫步第一人——列昂诺夫

1965 年 3 月 18 日，列昂诺夫在宇宙中迈出了人类太空行走的第一步，开创了人类在太空行走的先例。

拥挤的第一次升空

阿列克谢·列昂诺夫（Алексей
Леонов），1934 年 5 月 30 日出生于苏联克麦罗沃州季苏利区的利斯特维扬卡镇。幼年时因受到国内掀起的"太空热"的影响，列昂诺夫一直向往太空飞行，他从齐奥尔科夫斯基的科幻名著《地球之外》中获得了不少航空航天知识，这给了他极大的勇气和信心。从太空归来后，他提到，这本书里对宇宙飞船舱内的一切描述和他在飞船内所见到的是一模一样的。

1960 年，苏联宇航局招收航天员时，他积极申请并通过严格的选拔和加加林等人一起成为苏联第一批航天员预备队成员。

20 世纪 60 年代初，美苏冷战正酣。加加林实现了人类首次上天，为苏联人争得了荣誉，而落后的美国人则感觉颜面无光。1963 年底，苏联

列昂诺夫

人得到消息，美国将在 1964 年春天进行两次不载人的飞船发射。为了抢在美国人前面实现三人上天，当时的苏联领导人赫鲁晓夫命令宇宙飞船总设计师科罗列夫在下一个革命节，也就是 1964 年 11 月 7 日前，送三位航天员同时升空。

当局下了死命令，这可愁坏了科罗列夫：设计新的容量更大的宇宙飞船在时间上是无论如何来不及的，仍用之前的"东方号"宇宙飞船又承载不了三名航天员。唯一的办法就是再次冒险，改装"东方号"。

首先改装的就是坐椅，原来的"东方号"只有一张坐椅，设计师要加装两把坐椅。加装后，狭小的座舱并排又容不下三张坐椅。后来设计师将坐椅改成三角形，尽量节省空间才勉强放下三把坐椅。

邮票上的"上升1号"

另外一个棘手的问题就是飞船的负重。运载火箭的最大负载只有 5300 多千克，为了减轻重量，科学家们将"东方号"飞船上许多装置，包括逃逸救生装置都一概拆除，甚至把那些不必要的螺栓都卸掉了，还进口了新的无线电设备和先进仪器取代原来的笨重设备。最后连执行任务的航天员也要求减轻体重，只能携带水果、蔬菜、肉类等必须的食品，甚至都没有穿宇航服。

在克服重重困难后，列昂诺夫和另外两名航天员被塞进了由"东方号"改装的狭小的"上升1号"里于 1964 年 10 月 12 日发射升空，实现了首次宇宙飞船载三人的奇迹。不过，这次飞行没有取得任何具有实际意义的科学实验成果。

太空漫步

在又一次赢得老对手美国领先以后，苏联情报部门又获悉，美国要率先进行太空行走，他们甚至得到了准确的发射日期：1965 年 3 月 23 日。为了再次在太空争霸战中获得领先，苏联当局决定赶在美国之前实现航天员的太空行走。

对于总设计师科罗列夫而言，这既是苏共中央交代的政治任务，也是大国竞争的需要。

画家绘制的列昂诺夫在轨道运行期间走出飞船的情景

所有人只记得列昂诺夫出舱行走的那一伟大瞬间，却无从得知瞬间背后生死交织的艰辛：如果在太空中旋转不停无法控制，如果宇航服膨胀堵塞舱门，如果自动导航系统出现故障，如果座舱内氧气压力和温度异常，即将爆炸，怎么办？

在太空，航天员出舱远非打开门往外迈步这么简单，除了要穿好航天服外，还要通过一个过渡舱（气闸舱），先对气闸舱进行泄压，直至舱内与舱外的压力达到一样水平，然后再进入太空。塞弗林是负责太空行走设备的设计师，他提出了一个可伸缩的气闸舱方案，看起来既简单又巧妙。

1965 年 2 月之后，苏联对新的飞船系统进行了发射试验，令他们沮丧的是，这次带气闸舱的无人试验飞船在返回时提前启动了自爆程序，飞船连同许多关乎航天员生命的珍贵数据一起粉身碎骨。随后进行的另一场飞船试验，结果仍然令人失望，飞船甚至都没有到达预定轨道就中途爆炸了。"联盟号"新式飞船还在初步研制中，如果按部就班等待它的完成，必须得等上 6 到 8 个月。但根据情报，美国人很快就要实施太空行走。塞弗林只好孤注一掷，向苏共中央提出了及早发射"上升 2 号"的建议，并很快获得了批准，时间就在短短一个月后。

这次被选定执行任务的航天员有两名，一名是指令长帕维尔·别利亚耶夫，另一名就是驾驶员列昂诺夫。

1965 年 3 月 17 日，"上升 2 号"发射升空的前一天深夜，总设计师科罗列夫来到"上升 2 号"成员组驻地进行最后一次谈话。这次夜访既是为了鼓励大家要有信心，也是提醒大家要做好迎接一切困难的准备。

科罗列夫觉得有必要将实情告诉两个小伙子："发射场所有人都清楚，我们这几次飞行试验都遭遇了失败，但我们到现在还不知道原因是什么。你们也一定知道了，美国人正在加紧试验，他们的航天员很快就要走出飞船，企图抢在我们

列昂诺夫与科罗列夫

前面进入太空，所以我们现在决定上天是一种巨大的冒险。"

在科罗列夫眼中，列昂诺夫是一个乐观积极的年轻人。他还记得第

一次与他见面时，他开玩笑地抱怨："闲得太久了，在部队时，天天飞行，可这儿呢？一个星期一次，好像给小孩发糖果。"

此时的列昂诺夫也神情凝重："我们状态良好，为了这次飞行，我们进行了所有必要的训练，包括心理准备。"

他当然知道这一切意味着什么。但他同样很清楚——美国已经准备就绪，哪怕只是把手伸到飞船外面晃一晃，这也将被宣传为人类首次进入太空行走。

科罗列夫即将年满 60 岁，他还不知道自己会在几个月后因病离开人世。他这时语气坚定地说道："我今天是作为一个父辈在和你们说话，但我非常清楚自己在干什么。作为一名工程师，我也十分明白，世界上根本不存在百分之百的成功把握。但是我确信，我们一定能够获得成功。"

列昂诺夫在宇宙飞船舱内

起飞前，他再一次对列昂诺夫叮咛道："我们没有任何资料，也没有任何经验，一切都要靠你们自己。一定要随机应变，千万别当冒失鬼。走出飞船就向我们挥挥手，然后立刻回来。"

1965 年 3 月 18 日上午，"上升 2 号"飞船从戈壁深处的发射场升空。刚一起飞，飞船就遇到了麻烦，本来应该进入距地球 300 千米的预定轨道，运载火箭却过分卖力，实际高度达到了 500 千米。

当"上升2号"飞越里海上空时，气闸舱的圆形舱盖开始移动并逐渐开启。接着，身穿航天服的列昂诺夫先从舱口伸出了他戴着头盔的脑袋和肩膀，然后是整个身体。31岁的列昂诺夫向世人挥手致意，成为世界上第一个在茫茫太空漫步的人。

按照原定计划，飞船围绕轨道飞行第一圈时，列昂诺夫就开始进行出舱准备。他身上系了一根与飞船相连的绳链，长5.35米，内有一根电话线，像是一条脐带，目的是保持与飞船的联络及安全，防止航天员飘离飞船。

但直到第2圈，列昂诺夫在确认座舱密封完好后，才打开了向内开的舱门。此前一直处于压缩状态的气闸舱就像手风琴的风箱，渐渐张开、伸展。别利亚耶夫对列昂诺夫挥手致意，说了句"祝你好运"。

列昂诺夫走出舱门

事后，列昂诺夫回忆说，你不知道自己面对的将是什么，心情非常紧张。说是出舱行走，但当时不是抬腿走出去的。我轻轻地推了一下舱盖，整个身体呼的一下就弹出去了，完全不由自主，就像一个水瓶上的软木塞一样冲出了舱口。

生命之门成了鬼门关

出舱后，列昂诺夫在太空除了漂浮就是翻筋斗，他尽力尝试做点别的，摘下可移动的相机，又移动了几件舱外的物体，然后准备返回舱内。

就在这个时候出现了麻烦。

一开始，列昂诺夫每次把相机放进气闸舱时，它都会立即被气闸室中的微小气压冲出来，飘出舱外。折腾了半天，他硬把相机推进通道，先把一只脚伸进气闸室，然后将相机的背带放在脚下踩住，这才将它放入，可身子却被卡在了舱门口，怎么也回不来。

这是非常可怕的一幕。地面指挥中心的工作人员听着无线电波传出的叫喊声，万分焦急。此时，留在座舱里的别利亚耶夫眼看列昂诺夫处境危险，也只能是干着急，帮不上忙。

生命之门成了鬼门关。几番挣扎之后，列昂诺夫已经筋疲力尽。他意识到，他可能再也回不到飞船内了。

列昂诺夫气喘吁吁，决定冒险一搏。他开始尝试减少太空服的压力，试了一次，不行，又试了一次，还是不行。一次次徒劳无益的尝试，使得他几乎完全丧失了生还的信心。

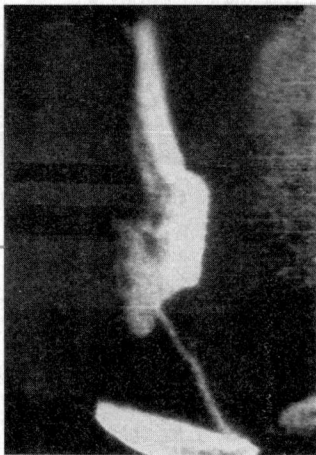

列昂诺夫太空漫步的照片

他决定采取最后一次自救，将压力减小到允许的极限值以下，这次航天服终于瘪了下来，缩小了体积。快要虚脱的列昂诺夫终于回到了飞船内。

列昂诺夫在太空行走了12分零9秒，但为了挤进舱门他又拼力花了12分钟。为此，他的体重减少了数千克，靴子里积聚了大约6升汗水。

不过，更加惊心动魄的险情还在后面。

归途遇险

就在他们准备结束这次历时 26 小时 2 分钟的飞行，向地球掉头返航时，座舱内的氧气压力发生了异常，温度急剧升高。此时，按照正常程序，他们必须迅速降低温度和湿度，以防止飞船发生爆炸。但是，两位航天员的所有操作都没有产生作用，他们再度陷入绝望。

也不知道什么时候，别利亚耶夫和列昂诺夫被一种类似爆炸的声音惊醒了过来。两人的第一反应，都以为飞船正在发生爆炸，为国牺牲的时刻终于到来了。

不过，令他们诧异的是，飞船里并没有任何爆炸燃烧的迹象。再一细加观察，令他们惊喜万分的是，舱内的氧气压力竟然在慢慢下降，最后竟逐渐恢复正常了。

别利亚耶夫和列昂诺夫稍稍松了口气，开始踏上归途。但他们惊魂未定，却又发现新的危险扑面而来——飞船自动导航定位系统也发生了故障。

还好，这种情况在飞船升空前就已经预想到了，他们决定冒险采用手动方式着陆。不料，在手动操作中也出现了失误，"上升 2 号"呼啸而下，偏离预定落点 3200 千米最后降落到了大雪覆盖的原始森林深处。好在茂密的树梢和厚达两米的积雪起到了一定的缓冲作用，两位航天员安然无恙。

舱外这时正下着暴风雪，狼群在四周不时地嚎叫。两位航天员艰难地爬出舱门，按照以往野外生存训练中的程序，架好天线，发出呼救信号。

列昂诺夫（左一）从太空返回后受到人们的热烈欢迎

因为他们偏离得太远了，以致指挥中心和他们失去了联系，迟迟没有回应。双方都非常焦急。本来 3 月份苏联的天气就很冷，天黑之后，森林里的气温越来越低，本可以御寒的降落伞在落地时挂在了树梢上，本应提供一个遮风避雪之处的飞船，人却不能进去，因为舱内的制冷空调一直在工作，他们费了半天劲也无法关上。

列昂诺夫尤其惨，由于他在太空行走时出了太多的汗，多达 6 升的汗水全留在航天服内，着陆后，他只好冒着零下 20 摄氏度的严寒，脱下航天服，再脱掉内衣，光着身子把衣服拧干。

第二天，搜救人员终于从空中发现了他们。由于是在原始森林之中，搜救直升机无法降落，只好先给他们空投了一些食品和防寒服。

漫天呼啸的暴风把这些东西几乎全给吹散了，所幸他们还拣到了几根香肠，外加一只皮鞋，在严寒中又艰难地度过了一个夜晚。第三天，别利亚耶夫和列昂诺夫脚蹬滑雪板，走出森林，赶到了 9 千米外的临时停机坪。

晚年生活

列昂诺夫 1991 年退休至今，在俄罗斯一直是一个受人爱戴的人物。

他乘坐轿车穿过莫斯科的街道时，两旁的警察会根据特殊车牌号认出他，并向他行礼致敬。列昂诺夫的车牌号是 0011，代表他是苏联历史上第 11 位进入太空的航天员。

列昂诺夫晚年还十分关注全球变暖问题，他说："我看到从太空拍摄的地球照片，沙漠面积在不断扩大，森林却逐渐减少。"

鲜为人知的是，列昂诺夫还是一名很有造诣的画家，发表了一系列作品。他曾把画笔和画纸带到太空，在太空画地球，给"阿波罗—联盟号"任务中的航天员们画像，称得上是第一位进入太空的画家。

列昂诺夫的绘画作品

太空漫步第一人——列昂诺夫

月球漫步第一人——阿姆斯特朗

1969 年 7 月 20 日，阿姆斯特朗身穿笨重的宇航服在月球那荒凉而沉寂的土地上印下了人类第一个脚印，将"嫦娥奔月"的神话变成了现实。

从小痴迷飞行

尼尔·奥尔登·阿姆斯特朗（Neil Alden Armstrong）于 1930 年 8 月 5 日出生于美国俄亥俄州。童年时，他就十分喜欢飞机模型，经常在放学后去面包房打工，用挣来的钱买航模材料，然后亲手制作。

14 岁时，飞机模型已经不能满足阿姆斯特朗对飞行的兴趣了，他渴望驾驶真正的飞机在蓝天翱翔。为了实现自己的理想，

阿姆斯特朗

他每天放学后都去一家药店打工，报酬是每小时 40 美分。他拼命工作，为的就是到离家五千米的一家飞行训练所学习飞行技艺。飞行训练的费用是每次 9 美元，所以他一攒够 9 美元就去训练一次。功夫不负有心人，阿姆斯特朗 16 岁时，终于梦想成真，拿到了飞机驾驶证。

朝鲜战争爆发后，阿姆斯特朗作为海军飞行员参战。在一次战斗中，他的机翼被切去一段。几乎没有飞行员在这种情况下还能控制飞机的平

衡，但阿姆斯特朗凭借过人的技术和勇气跳伞归队，这一事件在军中传为美谈。

朝鲜战争结束后，阿姆斯特朗重返学校学习，并获得了航空工学学士学位。1955 年，他又前往加利福尼亚州做试飞员。此后，他又成为 X－15 火箭飞机驾驶员，并驾驶 X－15 火箭飞机创造了飞行高度和速度的纪录。

当飞行员时的阿姆斯特朗

第一次进入太空

1962 年 2 月 20 日，美国"水星 6 号"载人飞船成功绕地球飞行三周。得知这一消息后，阿姆斯特朗报名参加了 1962 年第二期航天员的公开考试。被录取后，他成为美国航空航天局（NASA）的一员。之后，阿姆斯特朗进行了长达 4 年的航天员强化训练。理论上，他必须在天文学、物理学、地质学和太空机械学等方面达到相当于硕士的水平；在实际操作方面，他不仅要学会驾驶性能复杂的宇宙飞船，还要熟悉修理和排除故障的技术。

1966 年 3 月 16 日，"大力神 2 号"运载火箭从肯尼迪航天中心发射起飞，将"双子星座 8 号"飞船送往太空，阿姆斯特朗开始了自己的第

西太平洋上等待救援的"双子星座8号"

一次太空之旅。他和大卫·斯科特（David Scott）上尉一起执行这次任务，并奉命担任指令长。在这次历时 10 个多小时的飞行过程中，他们第一次实现了载人飞船与不载人飞行器之间的对接。

在这次飞行中，阿姆斯特朗又一次表现出超越常人的勇敢和机智。当飞船与飞行器进行对接时，飞船上的一个推力器发生故障，引起联合飞船体自旋。阿姆斯特朗果断决定，迅速脱离对接，将飞船紧急降落在太平洋上，避免了一次严重事故的发生。

飞向月球

1969 年 3 月，美国航空航天局决定在当年 7 月 16 日美国独立纪念日发射"阿波罗 11 号"飞船。由于在前几次任务中表现出色，阿姆斯特朗被选为"阿波罗 11 号"的指令长，奉命登上月球。

"阿波罗 11 号"于 1969 年 7 月 16 日美国东部时间上午 9 点 32 分从佛罗里达州肯尼迪航天中心发射升空，重达三千多吨的火箭携飞船腾空而起，直冲云霄。

地面上的人们怀着无比激动的心情观看了这一史无前例的人类壮举，毕竟这是人类第一次登上一个陌生的星球。卫星和无线电波将电讯节目传送到全球，最见多识广的记者此时都惊叹不已，因为不曾经历这样伟

大的时刻。人们屏住呼吸，以至于美联社和国际合众社的电视传真在很长一段时间内鸦雀无声，这种情景在寻常的新闻报道中是从未出现过的。然而飞船指令长阿姆斯特朗和他的两名同伴却表现得异常冷静沉着，他们的心率在等待发射的时刻甚至比在以前进行太空飞行时还要低。这足以证明他们就是此次登月飞行的最佳人选。

"阿波罗11号"飞船发射升空

此时，尼克松总统在华盛顿也坐在电视机旁观看了这一惊心动魄的场景。就这样，阿姆斯特朗和自己的另外两名伙伴——巴兹·奥尔德林（Buzz Aldrin）、迈克尔·柯林斯（Michael Collins）一起开始了为时12天，行程80万千米的月球之旅。

回忆起"阿波罗11号"刚起飞时的情景，阿姆斯特朗说："出发前，很自信，因此竖起了大拇指。但同时也带着一点羞愧。事实上，有许多次我们整装待发，甚至已经进入太空舱了，却忽然发现不是这里就是那里出了毛病，你不得不从头再来。所以，当我们实际上真正起飞的时候，我倒是有一种置身梦中的惊讶感觉了。当然，真正起飞的时候，感觉很美好！"

在谈到起飞时的感觉时，他说："起飞时，我感觉好像火车行驶在不平坦的轨道上一样，人的身体向各个方向摇晃，噪声非常大。但总的感觉是终于飞起来了，棒极了！"

登月前冷静面对险情

"阿波罗11号"起飞4天后，也就是7月20日，进入了绕月轨道，预定登月的时刻终于到来。

阿姆斯特朗和同伴吃完早餐，穿好登月服装，戴上头盔，背上背囊。上午9点22分，驾驶员奥尔德林首先由指挥舱进入登月舱。之后，指令长阿姆斯特朗也进入了登月舱，剩下的柯林斯则留在指挥舱内接应同伴。按照计划，此时登月舱被称作"秃鹰"，指挥舱被称作"哥伦比亚"。

"秃鹰"与"哥伦比亚"分离后，准备降落在月球表面。当降到离月球表面9千米处时，"1202"警报器突然发出刺耳的鸣响。阿姆斯特朗和奥尔德林之前从未受过"1202"警报训练，他们担心有意外发生，而这个意外有可能导致整个登月任务流产，甚至更糟。

飞船内的阿姆斯特朗

不过，幸运的是，地面飞行控制中心很快显示，"1202"警报是由计算机超负载造成的，对着陆不造成危险，因此，"秃鹰"可择地着陆。

于是"秃鹰"又向预定地点进发准备着陆，然而，当它以每秒8米的速度下降到离月球表面150米的高空时，又一次险情摆在了阿姆斯特朗面前。通过观察窗，他发现月球

表面预定的降落点竟然有无数巨大的岩石，这与"阿波罗8号"与"阿波罗10号"所拍摄的照片有些不同，他们不得不倍加小心。

"阿波罗11号"登月舱靠近指挥舱进行空间对接

紧接着，阿姆斯特朗和同伴奥尔德林又遇上了另外一个险情："1201"（计算机制导系统故障），"秃鹰"无法正常下降。据后来阿姆斯特朗回忆，当时"秃鹰"只剩下5%的燃料，他们必须在90秒内着陆，否则"秃鹰"就会粉身碎骨。

在危急关头，阿姆斯特朗在奥尔德林的引导下，手握操纵杆，给"秃鹰"加大马力，使"秃鹰"越过了这个岩石密布的区域，避免了一场惨祸的发生。排除这次险情以后，"秃鹰"探出5英尺长的金属传感器，触到了月球的土壤，缓缓下降。阿姆斯特朗随即向地面控制中心报告："发动机引擎和安全控制系统已经关闭，这里是安宁谷，'秃鹰'已经着陆。"

此时，38万千米外的地球，休斯敦任务控制中心内一片肃静。几分钟后，人们仿佛从梦中醒来，一下子欢呼雀跃起来。这一刻，举世瞩目——经过长达8年的不懈努力，耗资无数的"阿波罗号"终于在月球着陆。

月球漫步

1969年7月20日美国东部时间22时40分，阿姆斯特朗首先迈出舱

门，面对荒凉而陌生的月球凝视了几分钟，然后伸出左脚，一步三停地走下扶梯。九级台阶，他整整用了三分钟。最后，他向月球表面迈出了第一步。他的左脚小心翼翼地触及月球地面，而右脚仍停留在登月舱扶梯上，当发现左脚陷入月球表面很少后才将右脚踏在月球表面。在整个世界的瞩目下，阿姆斯特朗迈出了"个人的一小步，但却是人类的一大步"。

阿姆斯特朗登上月球时的照片

阿姆斯特朗回忆道："我在舷梯尽头跳了一小步，舷梯触到的月球表面呈沙粒状。我走下'秃鹰'，平稳地站到了月球上。这时候仔细察看才发现，我脚下踩的是很细的、呈粉末状的尘土。脚尖踩上去很松很软，而后形成很美的圈状层次，如同粉末状的焦炭。"

"我只是踩上去浅浅的一英寸，也许只有1/8英寸，我却看到了我的靴子印，靴底沾满了沙子般的颗粒。"阿姆斯特朗发现，这时候向各个方向迈步都没有他想象中那么困难，甚至比他在地面上所做的1/6G模拟训练还轻松。"刚开始我处于阴影中，十分黑暗，我不大容易看到我的足迹，但当我走了几步后，眼睛逐渐适应了周边的黑暗。"他说。

18分钟后，奥尔德林也踏上了月球表面，他们抓紧时间执行各项任务：安放科学仪器，收集月球土壤和岩石样品，还在月球表面插了一面

美国国旗，安放了一块不锈钢纪念牌。

23点47分，美国总统尼克松在白宫和月球上的两位航天员通了话，两小时20分后，他们乘登月舱起飞上升，离开月球与指挥舱内的柯林斯会和。

7月28日美国东部夏令时下午12时51分，在经过了12天3小时17分22秒的远航后，"阿波罗11号"顺利返回

尼克松总统看望返回后的"阿波罗11号"成员

地球，溅落于太平洋。三名航天员在医生和相关人员陪伴下，被关了三个星期"禁闭"后，才返回家中，与亲人团聚。

后悔成名

月球之旅后，阿姆斯特朗获得了美国自由勋章、美国航空航天局卓越服务奖章和国际航空联合会金质奖章。可是，阿姆斯特朗对自己的成名并没有心理准备，认为成名是个负担，渐渐无法应付和承受。让他感触最深的是，周围的朋友和同事们对待他的方式与过去截然不同了。

为了彻底从公众目光中隐退，阿姆斯特朗1971年从美国航空航天局退休后，到辛辛那提大学航空工程学院担任教授至1979年。后来，他甚至还在一个偏僻的乡下买了一个杂草丛生的农庄，开始了自己的半隐居生活。他感慨地说道："到底要花多少时间，别人才不将我当作一名航天

员看待?"

阿姆斯特朗在肯尼迪航天中心

曾经有人建议阿姆斯特朗多出去走走,到各地散散心,可这个倔强的美国人只说了这样一句话就堵住了所有人的嘴:"我连月球都去过了,地球上还有什么地方吸引我呢?"

从月球返回之后,他的生活更是发生了翻天覆地的变化,妻子渐渐厌倦了这样的日子,提出离婚的要求。1994年,阿姆斯特朗与共同生活了38年的妻子正式离婚。阿姆斯特朗回忆当时的场景,唏嘘不已:"我想挽留她,可在当时那样的情景中,我能说什么呢?我们的婚姻,就像一次失败的飞行,无声地崩溃了……如果可能,我还要说,我爱妻子。我很抱歉,我们的婚姻,成为我成功的最大代价。"

后来,阿姆斯特朗再婚了。垂暮之年的他更愿意"生活在现在",还经常驾驶滑翔机过把飞行瘾。这位很少接受采访的航天员在哥伦比亚广播公司"60分钟"节目中称:"我不应当获得那样大的名气。我并没有被选为第一个登陆月球的人,我只是被选为那次飞行的指令长,是当时的情况使我成为登月第一人。这并不是任何人事先计划的。"

第一个在月球上奔跑的人——奥尔德林

1969 年 7 月 20 日，紧随阿姆斯特朗踏上月球表面的奥尔德林成为人类第二个登月者，他在探月史上也留下了浓墨重彩的一笔。

西点的优秀毕业生

1930 年 1 月 20 日，巴兹·奥尔德林（Buzz Aldrin）出生于美国新泽西州的蒙特克莱尔。父亲是一家标准油公司的董事长，二战期间在空军部队服役，会驾驶飞机，后来获得了麻省理工学院的博士学位。父亲的不平凡经历深深影响了奥尔德林，使他从小就养成了凡事争强好胜不服输的个性。

巴兹·奥尔德林

由于家庭条件优越，奥尔德林从小就接受了良好的教育。初中时，他的成绩突飞猛进，理科成绩特别突出。从那时候起，他就立志要当一名军人，著名的西点军校无疑成为他的首选。凭借优异的理科成绩，奥尔德林通过了军校的考试。后来通过父亲的活动，由参议员推荐，奥尔德林终于于 1947 年进入了大名鼎鼎的西点军校。

身穿军装的奥尔德林

对于许多美国青年来说，进入西点就意味着自己从此有条光明的坦途。西点军校的校规，堪称"威中之最，严中之王"。学员的日常学习、训练以及生活中的点点滴滴，都有着极其明确的纪律规范和处罚条例。可以说，一言一行都得按照规定办事。在这里，年轻的奥尔德林经受了严峻的考验，不甘于人后的他始终按照校规军纪来严格要求自己。1951年，年仅21岁的奥尔德林以年级排名第三的优异成绩从西点军校顺利毕业。

立志成为航天员

从西点军校毕业后，奥尔德林被派往空军部队服役。后来他又担任了一段时间空军军官学校的飞行教练。1956年，他被派往另一空军基地服役。这时，他认识了怀特（怀特曾乘坐'双子星座4号'宇宙飞船升空)，俩人一见如故，很快成为挚友。后来怀特不幸在一次"阿波罗"飞船的发射训练中丧生。备受打击的奥尔德林也随后申请回国，前往父亲的母校麻省理工学院深造。在求学期间，他获悉美国的载人飞船计划，从此立志成为一名航天员。

1961年，奥尔德林在麻省理工学院获得硕士学位，扎实的理论功底和飞行教练的经历为他成为一名航天员铺平了道路。在参加美国航空航天局举办的第一期航天员选拔赛进行到第二阶段时，他意外落

选。不过，这次打击并没使奥尔德林气馁，他继续潜心研究更加高深的航空航天知识，为下一次选拔做更充分的准备。1963 年，正值奥尔德林从麻省理工学院毕业之际，美国航空航天局开始选拔第三期航天员学员。机会只青睐那些有准备的人，这次奥尔德林志在必得，特别是在必须具备的"飞行教练"这一最苛刻的选拔资格审查中，

奥尔德林与执行"双子星12号"任务的另一成员洛威尔

他一举成为当中的佼佼者顺利入选。是年，水星计划结束，双子星座太空飞行计划进入初级准备阶段。双子星座计划的核心人物是由第一期和第二期毕业的航天员加上第三期毕业的具有较高军衔的毕业生组成的一个航天员航天机组，奥尔德林赫然在列。

无奈成为登月第二人

1969 年 7 月 20 日，奥尔德林作为"阿波罗 11 号"的航天员与阿姆斯特朗一道登上月球的土地。在登月之前，奥尔德林被选为"阿波罗 11 号"宇宙飞船的登月舱上的驾驶员。当时，他对自己即将成为第一个登上月球的人可谓成竹在胸。主要原因是，迄今为止的所有太空飞行中都明确规定：在飞船外活动时，指令长无论如何都必须留在飞船里负责指挥，只有机组的其他成员才可以出舱活动。这样一来，身为指令长的阿

姆斯特朗不能出舱，那登月的肯定就是他了。

然而后来事情发展的结果众所周知，是阿姆斯特朗在月球上迈出了人类的第一步。这样一来，富有传奇色彩的人类英雄自然就是阿姆斯特朗而不是奥尔德林了。

装载着"阿波罗11号"的"土星5号"

当时在登月舱内，两人还为此事发生了争执，奥尔德林有理有据。无论按照先前的美国航空航天局的惯例还是两人的技术水平的高低，奥尔德林均技高一筹，登月第一人非他莫属。然而面对人类第一次登月这一巨大诱惑，阿姆斯特朗也是志在必夺。他们同时向休斯敦指挥中心请示。为了顾全大局，休斯敦破例做出了历史性的决定：命令阿姆斯特朗第一个登月，让其书写人类历史上光辉的一页。理由是阿姆斯特朗的军衔略高于奥尔德林。

后来，阿姆斯特朗在自己的传记中讲到这一情景时也承认，他没有勇气和力量来战胜自己，使即将一举成为人类第一登月人的唯一机遇擦肩而过，尽管他深知这对奥尔德林来说是一次永远无法挽回的极其残忍无情的精神上的致命打击。五分钟后，奥尔德林第二个登上月球表面。

用圆珠笔撬开舱门

尽管对休斯敦指挥中心下达的命令心存不满，奥尔德林还是以一个职业军人的标准要求自己，绝对服从上级的命令。随后，阿姆斯特朗和他准备走下登月舱，开始对月球的探索之旅。但在此之前，他们需要先将登月舱"秃鹰"安置好，以确保他们能够安全返回地球。

"阿波罗11号"搭载的登月舱

然而，就在他们准备开始月球探测工作时，一件意想不到的事情发生了。"秃鹰"的舱门打不开了！尽管压力读数为零，但由于舱内积攒了太多的空气，导致舱门紧闭。

当时奥尔德林心生一计，他用随身携带的圆珠笔将舱门撬开如头发丝一般粗细的一条小缝，这样，舱内的空气得以流向舱外。这些空气一溢出来，顷刻间在空中形成了亮晶晶的冰圈。奥尔德林告诉阿姆斯特朗："OK，……你头往前，然后向我这边来点，再往左边来点，再坐得直一些，你的空间足够了……你朝平台上移一点，左脚向右边挪点，再往左边来点……"

这时，舱门缓缓敞开，阿姆斯特朗调整身姿，慢慢走出"秃鹰"。他回身检查了一下舱门的状况，发现心细的奥尔德林已经将圆珠笔顶在舱门边上，使门虚掩着，以确保在发生任何意外的情况下都可以随时轻松打开舱门，返回"秃鹰"。这个细节足见奥尔德林的细心和精明，他也无

愧于登月飞行的最佳人选。

月球漫步

当时，阿姆斯特朗迈出舱门，登上寂静的月球。奥尔德林在"秃鹰"内也急着下来，渴望尽早加入阿姆斯特朗的行列。当时他喊道："尼尔，我是否可以出来？"阿姆斯特朗的回答是肯定的，于是他走下旋梯。

1969年7月20日，奥尔德林继阿姆斯特朗之后登上月球

奥尔德林后来回忆说："踏上月球表面，我惊呆了，这时太阳已落山，天空出奇的黑，'秃鹰'发动机已关。四周静极了，只有迈步时宇航服发出的摩擦声。时间仿佛凝固了，景色太美了，这真是绝美的荒芜啊！"

"月球表面土壤很松，但当你踩得深一些时，就会感到脚下越来越坚硬的土壤。靴子踩上去留下一个又一个漂亮的印子。当我开始迈步时，一团小小的半圆形的尘土在我脚前徐徐散开。很奇怪，因为在地球上，尘土不是这样飞扬的，地球上有时是溅起来的尘土，有时是沙子。在月球上，因为没有空气，这些尘土缓缓游走，所以尘土飞起，又在同一时间落下形成美丽的半圆。"

"我试图将我的所见所闻组成文字，但在月球上太困难了！"奥尔德

林加重了说话语气，"难于你所见过的一切。我只能用'不真实，如同在梦中'来形容这一切！"

奥尔德林和阿姆斯特朗登上月球后在月球上拍摄的照片一直吸引着世人的关注，也包括对照片真伪的质疑。其中有一张是一名航天员站在美国国旗旁，旗帜似乎在迎风飘扬，天幕是一片黑色，不见星星。奥尔德林说：星条旗旁的航天员就是我。

奥尔德林站在插在月球表面的美国国旗旁留影

很多人认为奥尔德林和阿姆斯特朗在月球走路应该很快，但传回的电视画面却显示他们的步伐缓慢——和在地球上行走并无多大差异。奥尔德林描述了真实的情况："如果你们记得我们发回来的电视图像，你们就会记得我在试图展示不同的行走姿势。我在摄像机前来回走，我试着像大袋鼠那样跳，然后由于惯性，跳几步就得变换一个方向，我发现最好的方式是缓步前进——先迈一脚而后再迈另一只脚，而不是像骏马那样一二、一二地疾驰。"

他接着说："那张我站在星条旗旁的照片上，我的身体有些前倾，这是因为我背包的缘故。在月球上，很难预测你何时会失重，当你向一边或另一边倾倒时，你很容易跌倒，但同时也很容易用双脚着陆。月球表面是如此容易踏上去，是如此的自然化，估计任何一个人都会适应。"

奥尔德林感觉在月球上的时间是如此有限，以至于没有时间去享受

— 43 —

奥尔德林在月球上留下的鞋印

伟大而美妙的时刻。

"当我们在月球上时，我们没有时间品味每时每刻，看上去好像我们所做的一切是如此的伟大，以至于我们感觉有些超现实。当然我们不是借一时冲动来做纯粹的旅行的，我们有我们的任务。在那一刻，我意识到一切的一切都被我们远抛到 38 万千米以外了。同时这里的一切以及我们所做的一切，都会被千秋万代记录下来。"

"我突然感觉到好像是一个三四年级的孩子忽然被叫到台子上，要求面对全校师生背诵《葛底斯堡宣言》。他不能在意周围的一切，他只能将精力集中在他所做的事情上。事实上正是如此，在那一刻全世界的眼睛都在盯着我们，如果我们做错了什么将会悔之不尽。"

"回想起来，我仍然记得我们停留的时间太短了，当离开月球的时间进入倒计时 20 秒的时候，休斯敦控制中心传来了命令：'保持安静，准备起飞！'我回答：'遵命，我们已进入跑道。'"奥尔德林最后说："在那一刻，我清醒地意识到我们已成为第一。"

晚年生活

从月球归来后，奥尔德林经历了一段人生低谷，有人质疑人类第一次登月的真实性，认为登月是假的，是导演出来的。当时的怀疑主要是针对他们插在月球上的美国国旗。怀疑者指出，月球上没有空气，没有风，旗子怎么会飘起来？（事实上那是他们事先将一面旗子用钢丝固定住

以求达到迎风招展的效果）奥尔德林掩饰不住对这种无视事实的不实之词的愤怒，给了谣言制造者一记响亮的耳光。

　　他逐渐开始变得精神沮丧并且疯狂酗酒，他的妻子也和他分了手。奥尔德林回忆说，当他在月亮上行走时，曾有一种"灵魂出窍"的奇异感觉，这种感觉甚至折磨了他一生。

　　多年后，意大利籍的斯坦福大学高材生露易丝来到他的身边。1988年，奥尔德林和露易丝喜结连理，他们这个重新组合的家庭一共有6个孩子。其中他最引以为骄傲的是他的儿子安迪·奥尔德林，他目前是波音公司的副总裁，负责运载火箭。

退休后的奥尔德林

　　"他可以说是我航天事业的接班人，可惜他生不逢时，没有生在我们那样英雄辈出的年代，否则他会更有出息！"对此，奥尔德林不无遗憾。

　　如今，已经70多岁的奥尔德林成功戒酒，一家人居住在洛杉矶一所豪华公寓中。除了撰写小说、在图纸上设计"未来派"太空船外，他还呼吁人类重返太空。

　　奥尔德林建议人类现在可以开始探测火星的工作。他说，"我们现在应该着眼于火星——探测火星，我们眼光应放得远些更远些。我们将来可以在月球上过圣诞节，也可以在火星上过新年。这对许多人来讲是天方夜谭，但我认为它们都可以实现。我的《返回》（Return）一书写的是载有NBA超级球星的航天飞机被印巴战争的氢弹击中进而殃及在空中运

行的卫星和国际空间站……"

　　奥尔德林已经开始了现实的行动,他计划通过彩票筹钱的方式来发展太空旅行。"这虽然是科幻小说,但一切均有可能。我的'共创航天基金会'就是通过彩票计划集资一千万美元,用来发射航天飞机,使彩票中奖者成为太空旅客,而每个买彩票的个人只需投入 10 美元,就有机会赢得亚轨道的旅行,中大奖的人还可获得许可进入太空站。我计划在未来的 15 年建成人类第一个由太空站改造成的太空旅馆。旅馆内设有氧吧和赌场,未来总会有一天,人们会像等待登上加勒比海游轮旅行一样,排队等待进入太空旅馆。"

太空美景

年龄最大的航天员——格伦

1998 年 10 月 29 日，已 77 岁高龄的约翰·格伦再次穿上宇航服，乘坐"发现号"航天飞机进入太空。他也因此成为世界上年龄最大的航天员。

辉煌的飞行员生涯

约翰·格伦（John Glenn），1921 年 7 月 18 日出生在美国俄亥俄州坎布里奇，这个小镇十分不起眼。在入学前，幼小的格伦随父母搬到了附近的新康科德，在那里读完小学、中学和大学。孩提时代，他就是个模范学生；中学时代，格伦不仅成绩出众，而且在同学中威望很高，一直担任班长等职务，同时还是足球、篮球和网球运动员，还是学生剧团的台柱演员。除此之外，他还在一支爵士乐队里担任小号手，并在礼拜天参加教堂的合唱班并充任歌手。

约翰·格伦

中学毕业后，格伦考入本地的一所大学。第二年，第二次世界大战

— 47 —

爆发。格伦应征入伍，并被编入战斗机群担任驾驶员。不久，他参加了马绍尔群岛的战斗。由于表现出色，战争结束后，他被提升为上尉。后来，他又参加了朝鲜战争。在飞行员生涯中，格伦总共执行过 149 次战斗任务，并出色完成。1953 年，他进入海军试飞员学校学习，后被派到海军航空局战斗机设计处工作。他曾在 1957 年以 3 小时 23 分创造了横贯美国大陆的超音速飞行速度纪录。格伦辉煌的飞行员生涯为他成为航天员奠定了坚实的基础。

第一次太空之旅

"水星 6 号"飞船发射升空

1959 年，38 岁的格伦被选为"水星号"宇宙飞船的预备航天员，参加了由七人组成的美国第一批航天员培训计划。七人中，格伦的年纪最大。无论从资历还是待人接物上论，格伦很快就众望所归地成为航天员中的核心人物。他不仅关心大家的日常生活，还负责调节同事矛盾等琐事。当然，在这里他最重要的任务还是和同事们一道经受严格的航天员训练。

1962 年 2 月 20 日，对当时的美国人来说恐怕是个难忘的日子。当时美苏两个超级大国正在太空领域进行激烈的竞争，1961 年 4 月 12 日，苏联航天员加加林完成了人类首次太空飞行，将美国人远远甩在身后。威风扫地的美国人只好奋起直追，等待这一天为自己争回点颜面。

这一天，位于佛罗里达州卡纳维拉尔角（Cape Canaveral）的美国航天发射场人头攒动，人们怀着紧张激动的心情等待发射的来临。美国东部时间 9 点 47 分，格伦驾驶"水星 6 号"飞船，在一阵隆隆声和一团耀眼的火光中冲天而起。

格伦在飞船密闭舱内

这次发射用的是经过改造的"宇宙神 D"洲际弹道导弹。格伦的这次飞行历时 4 小时 55 分 23 秒，绕地球飞行 3 圈。最后，飞船溅落在大西洋海域，被顺利打捞起来。

格伦这次飞行的目的，主要是为了评估人类乘坐水星飞船的情况，而美国航空航天局之前曾对水星飞船进行过不载人的飞行实验（两只猴子和一只黑猩猩）。格伦利用自己丰富的驾驶经验和处变不惊的能力，排除许多困难，成功完成了这次太空飞行。证明了，人类乘坐水星飞船是可行的。他的成功为美国的航天之路开辟了新的篇章，他本人也因为这次太空之旅而被载入史册，并因此被授予国会航天荣誉勋章。

一波三折的参议员之路

在成功完成太空飞行之后，格伦成为美国人心目中的民族英雄。据格伦本人回忆，当年向他发来的祝贺信以及贺卡多达 50 多万封，可谓铺天盖地，他不得不整天为官方或民间组织安排的各种形式的集会、演讲等疲于奔命。不过，格伦并没有把这些活动当做一种负担，相反他总能做到宠辱不惊，从容应对。

格伦向围观的群众挥手致意

格伦的演讲口才令人叫绝，极富煽动性，就连当时肯尼迪总统的弟弟罗伯特·肯尼迪都十分佩服，一度劝他加入政界，参与参议员的竞选活动。然而，格伦认为如果他参选，即使成功那也是因为自己的名气，并不是自己真正的实力，所以他一口回绝了罗伯特·肯尼迪的提议。

然而要说格伦对竞选参议员一点都不动心，显然也不是事实。因为了解他的人都知道，格伦其实在中学时代就对领导这一角色情有独钟。他一直怀有远大的政治抱负，只不过一直没有等到机会。在经过一番深思熟虑后，他决定不利用自己的名气，公平参与竞争。

1964年1月，格伦举行记者招待会，宣布辞去在美国航空航天局的职务，明确提出参与参议院议员的竞选活动。他的选区定在他的家乡俄亥俄州。他的竞选对手是74岁高龄的在职参议院议员扬，扬虽然年事已高，但仍然信心满满。格伦甚至将居住地由休斯敦迁往俄亥俄州，踌躇满志地开始自己的第一次竞选。

然而，天有不测风云，在竞选到达白热化的时候，格伦竟然意外受伤，使他不得不遗憾地宣布退出竞选。

在下次竞选的空当期，格伦又踏入商界，担任一家公司的董事长。其实也是为自己的下次竞选赢得更丰厚的资金和更广泛的人脉。

四年后的1968年，格伦卷土重来，而且是志在必得。谁知，天不遂

人愿：在竞选前的民意测验中以压倒性优势胜出的格伦竟然在正式投票时以 13000 张选票的巨大差距败北。

原来是对方利用其雄厚的财力做足宣传，与对方 80 万美元的宣传投资相比，格伦只有可怜的 35 万，所以失败也就是情理之中的事情了。

结局虽然出人意料，但是格伦并没有气馁。他重返董事长的职位，卧薪尝胆，伺机东山再起。

1974 年，壮心不已的格伦再次出马竞选俄亥俄州的参议院议员。这次，做足准备的格伦终于如愿以偿，以压倒性的优势当选，并先后四次连任。他还是美国参议员中公认的科技事务专家。他在防止大规模杀伤性核武器扩散方面作出了突出贡献。他的政治生涯也到达了巅峰，甚至成为美国总统候选人呼声最高的议员之一。

参议员格伦

重返太空

1998 年 2 月 19 日，在时隔 36 年后，77 岁的格伦再次穿上宇航服，开始了在得克萨斯州的圣安东尼奥基地的训练。格伦为什么要在 77 岁高龄重返太空呢？从格伦本人来说，他强烈的太空探险欲望是促成这次飞行的关键原因。其次，他希望通过他的第二次太空之旅，让全世界关心老年人问题。从美国政府和航空航天局的角度，一是希望研究老年人在

太空环境中生活和工作的情况，发现人衰老的秘密，二是希望通过这次飞行唤起公众对航天的热情和支持，三是向人们显示太空旅游不再是梦想，而已经成为现实。

格伦本人说："在我生命里，我能够第二次开始一项全新的研究，实在令人激动。我们这次太空飞行有 83 项科研任务，太伟大了！"

格伦将进行第二次航天飞行的消息在社会上立即引起极大反响。单是他的训练就引来许多记者和普通公众的关注。1998 年 10 月 29 日，格伦随同机组其他成员乘坐"发现号"航天飞机重新飞上了太空。这一天美国各大电视台都到现场进行直播，连他的好友美国总统克林顿和夫人也亲临发射场为他送行。

经过 8 天的旅行，航天飞机于 11 月 7 日安全返回。这次飞行，格伦的任务并不多，主要是配合做一些检查和医学实验工作。虽然飞行的时间比他第一次航天飞行的时间长得多，但感觉相对舒服多了。因为在水星飞船上，他像一只猴子一样被固定在坐椅上，没有多少自由，而在航天飞机上，他能自由活动，在失重环境下做各种有趣的实验和表演。

格伦乘坐的"发现号"航天飞机

格伦在顺利返回肯尼迪航天中心后，受到了热烈欢迎。他在着陆后说他感觉良好。在次日的新闻发布会上，他称自己已恢复了 95% 至 98%，只是头

转得快了会有点不舒服。在返回地面后的头几天里，他仍要接受各项监测和化验，而且不能饮酒和喝咖啡，以免干扰化验结果。

11月11日，美国退伍军人节那天，休斯敦为格伦和参加此次飞行的其他航天员举行了一次大游行。人们兴高采烈地涌到街头，抛投彩带，祝贺太空老英雄再次凯旋。随后纽约也举行了大游行，格伦终于为自己的太空生涯画上了一个圆满的句号。

太空美景

大难不死的航天员——斯威格特

斯威格特曾是美国航空航天局的一名普通航天员，由于"阿波罗13号"宇宙飞船奇迹般地化险为夷而名扬全球，永载人类航天史册！

立志成为航天员

1931年8月30日，杰克·斯威格特（Jack Swigert）出生在美国科罗拉多州丹佛市的一个眼科医生家庭。他从小就痴迷飞行，年仅14岁时就能熟练掌握飞机的操纵性能。

后来，斯威格特在科罗拉多州大学波德分校获得了机械工程学位。大学期间，他是校橄榄球队的成员，身体条件十分出众。大学毕业后，斯威格特加入了美国空军。作为空军战斗机飞行员，他曾在朝鲜和日本服役，后来成为了一名试飞员。

杰克·斯威格特

1963年，美国航空航天局招收航天员，斯威格特报名竞选。由于学历偏低，再加上没有当过飞行教官的经历，最终落选。这次落选激发了斯威格特的斗志，他发奋学习、训练，并立志非要成为航天员不可。

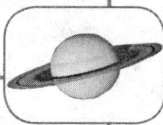

从空军退役后，他考入伦斯勒理工学院深造并于1965年获得了航空科学硕士学位。拿到学位以后，他又加盟北美公司担任试飞员。经过不懈努力，在1966年美国航空航天局招募第五期航天员时，他终于入选。

特殊机遇

"阿波罗13号"是美国航空航天局阿波罗计划中的第三次载人登月任务。斯威格特原本被任命为"阿波罗13号"宇宙飞船支援机组的航天员，也就是替补成员。

而原计划中的指令/服务舱驾驶员肯·马丁利由于患了风疹，无法执行此次任务。于是在发射前3天，航空航天局实施应急方案，决定由斯威格特替换马丁利担任

"阿波罗13号"成员合影 左起：洛威尔、斯威格特、海斯

"阿波罗13号"任务的指令/服务舱驾驶员。也正是由于这次特殊机遇，斯威格特被隆重推上了历史舞台，从而永载人类航天史册。

"休斯敦，我们遇到麻烦了！"

"阿波罗13号"发射升空

这句出自电影《阿波罗13号》的经典台词，正是出自斯威格特本人之口。

1970年4月11日，"阿波罗13号"载着3名美国航天员吉姆·洛威尔、杰克·斯威格特、弗莱德·海斯升空，踏上了飞往月球的旅程。在洛威尔执行任务前，他的妻子玛丽莲心中充满了焦虑，因为"13"在西方是个不祥的数字。

"阿波罗13号"经过两天多的飞行，飞到了离地球30多万千米的地方。尽管这次任务距阿姆斯特朗首次登上月球仅仅过去9个月，但美国电视网已经将太空旅行当成了老新闻，没有多少电视台愿花大篇幅关注"阿波罗13号"的月球之旅。然而不久后发生的事件，却让"阿波罗13号"成了全世界媒体的头条新闻。

4月13日深夜，当"阿波罗13号"离地球32万千米时，3名航天员正在指令舱中进行一系列的检修工作，突然飞船外传来一声巨大的爆炸声。地面控制中心不知道飞船出了什么事，过了好一会儿后，他们才听到斯威格特说出了太空史上最著名的一句话："休斯敦，我们遇到麻烦了。"

3名航天员焦灼地试图重新控制住飞船。然而，"阿波罗13号"升空

前根本就没有安排应急的 B 计划，所以航天员也没有学习如何在紧急情况下启动登月舱上的维生设施。随着氧气量迅速下降，航天员在地面控制中心专家的指导下，一步步往登月舱的计算机中输入复杂的数字。最后，就在指令舱中的氧气含量只剩 5 分钟可用时，登月舱的功能终于被激活。

接下来，如何让航天员在飞船剩余氧气罐中的氧气耗光前安全返回地球，成了地面上的宇航专家面临的头号难题。专家们最后决定，逃生的第一步应该让"阿波罗 13 号"飞船继续朝月球飞行，绕月球转一个大圈，飞到月球黑暗的另一面。等飞船再次出现时，立即启动登月舱发动机，将飞船投掷进返回轨道。两小时后，飞船总算重新进入了原定轨道，消失在了月球的另一面。

当"阿波罗 13 号"从月球的另一边重新露面时，地面控制中心一片沉默。因为登月舱上的燃料只够一次启动尝试，如果失败，他们将永远不会活着返回地球。不过，航天员们总算一次性成功，飞船以每小时 8688.6 公里——两倍子弹的速度飞离月球，驶向地球。

从"阿波罗13号"登月舱上看到的月面

没多久，他们又遇上了另一个致命的危险：登月舱中的小型空气过滤器无法处理他们排出的大量二氧化碳气体，他们面临窒息身亡的危险。在宇航专家的指导下，他们用一些黏性胶带、一块从飞行手册后面撕下的纸板以及从他们太空内衣裤上

"阿波罗13号"安全返回

扯下的一些塑料片，做成一个帮助空气过滤器更有效工作的粗糙适配器，登月舱中的空气最后终于降到了安全状态。

最后，三位航天员在经历了缺少电力、正常温度以及饮用水的情况下，在太空飞行5天23小时后，于4月17日安全回到地球。三人同年获得总统自由勋章。

卷入"邮票丑闻"

因"阿波罗13号"太空飞行一举成名以后，斯威格特被选入阿波罗—联盟计划的机组成员。他开始发奋学习俄语，以适应在太空中与苏联航天员的工作和生活需要。

而就在此时，发生了"阿波罗15号"航天员引发的"邮票丑闻"（当时某些航天员将"航天员形象邮票"当作商品高价贩卖，以获取经济收益）。几乎每一位航天员都受到了审查，斯威格特也不例外。

他起初坚决否认参与此事。随着案件的深入调查，他渐渐沉不住气了，最终到负责该案件的调查官那里承认了此事，并交代了自己知道的一些情况。当局认为斯威格特的认错态度良好，决定不予追究，但最终还是以他对航空航天局的影响不利为由，将他从阿波罗—联盟计划的机组成员中剔除。

鉴于斯威格特丰富的太空飞行经验，他还是被安排到"阿波罗13

号"宇宙飞船上担任航天员，此事总算告一段落。不过遗憾的是，斯威格特的俄语算是白学了。

风流小子

　　作为一名成功的航天员，斯威格特不仅拥有娴熟的宇宙飞船驾驶技术，还具备超凡的男子汉气质和迷人的魅力，是航天员中有名的美男子。当然，他也没有浪费上帝赐予他的这副好相貌。早在他当飞行员时，无论他在哪个机场或者基地，都少不了美女的陪伴，因此也落下了"风流小子"的绰号。

十分讲究生活品质的斯威格特

　　尤其值得一提的是斯威格特的"爱情专一"。他的"专一"不只是体现在他对任何一位女朋友的忠诚上，也不仅仅局限于他带女友们出游时的出手阔绰和浪漫情怀，更为重要的也使他独具魅力的是他推崇的独身主义处世哲学。他烧得一手好菜，居室布置得井井有条，冷柜和冰箱里应有尽有，甚至是杂乱无章的调料罐都被他编号摆放整齐。然而家里却永远缺少一位女主人。

短暂的政治生涯

斯威格特（左一）和尼克松总统在一起

1973 年，斯威格特离开美国航空航天局后成为美国众议院科学委员会的人事部主任。1978 年，他出马竞选共和党的科罗拉多州的参议院议员，结果败北。1982 年 11 月，他卷土重来，在科罗拉多州新成立的第 6 选举区作为共和党议员在大选中获胜，以98909票（62.2% 支持率）对 56518 票（35.6% 支持率）的结果击败了民主党对手史蒂夫·霍根。在竞选活动中，斯威格特得到了前党内对手、当时的科罗拉多州参议员威廉·阿姆斯特朗的支持。1978 年共和党的党内竞选中，阿姆斯特朗击败了斯威格特。两人后来成为了好朋友。

就在斯威格特准备在政坛大展宏图的时候，不幸接踵而至。他在宣誓就职前，也就是 1982 年 12 月 27 日，因骨癌扩散在华盛顿哥伦比亚特区逝世，为自己短暂的政治生涯画上了句号。

真正的太空牛仔——施艾拉

施艾拉的出名不仅仅是因为出色的宇宙飞船驾驶技术，还因为他的坏脾气：他在太空中曾经因为感冒在盛怒之下拒绝执行休斯敦的命令，美国航空航天局的官员们对此怒不可遏，但又束手无策。

出生于飞行世家

瓦尔特·施艾拉（Walter Schirra）于1923年3月12日出生在美国新泽西州的哈肯萨克的一个飞行世家。他的父亲在第一次世界大战期间曾在加拿大担任过飞行员，当时被编入歼击机机群，执行侦察飞行任务。

瓦尔特·施艾拉

第一次世界大战结束后，施艾拉的父亲自己花钱购买了一架小型的双翼飞机，一边在全美各地旅游飞行，一边开始了他的杂技飞行和表演飞行生涯，同时也通过这种方式赚钱养家。游客们若想乘坐他的飞机上天体验他的杂技表演，一次得交付10美元，他每天只需搭载五名乘客就能应付家庭的日常开销了。当乡里举行隆重的庆祝活动时，施艾拉的父亲便会用自己高超的杂技飞行表演为乡亲们助兴。

施艾拉的母亲是他父亲的最佳拍档，她是一名机翼行走特技表演员。当施艾拉的父亲驾驶飞机在天空中飞行时，施艾拉的母亲则会悬立在机翼上，并随机翩翩起舞，做出各种优美无比的高难度杂技动作。夫妻俩夫唱妇随，而生活在这种家庭环境当中的施艾拉从小耳濡目染，早在孩提时代就立志将来要学会驾驶飞机周游世界。

15 岁的时候，施艾拉便开始驾驶着他父亲的飞机在天空中翱翔。

出色的飞行员

施艾拉驾驶过的飞机

施艾拉从新泽西州英勒乌代特高中毕业后，于 1941 年进入了新泽西州技术学院。随后加入了美国海军学校，并在 1945 年毕业。紧接着，他应征入伍被编入巡洋舰服役，向太平洋战场进发。二战结束后，他又前往彭萨科拉海军飞行墓地（NAS Pensacola）进行训练，成为一名飞行员。之后加入了航空母舰战斗中队。

朝鲜战争爆发后，施艾拉被派遣到韩国作为美国空军交换飞行员。在 1951 年至 1952 年之间，他执行了 90 个飞行作战使命，主要使用 F-84 雷霆喷射战斗机。他的战绩包括击下了一架和损坏了两架米格-15 战斗机。由于战功卓著，施艾拉被授予了飞行优异十字勋章、空军勋章与一枚橡树叶勋章。

从朝鲜战场归来后，施艾拉担当了试飞员。众所周知，试飞员是一份十分危险的工作，稍有不慎就会搭上性命。而施艾拉从小就是孩子王，那种不愿意轻易听命于人的性格从未改变，他绝不是那种将服从命令作为军人天职的飞行员。对于那些不怎么保险的导弹实验任务，他都拒绝执行。而他的这种倔脾气后来也表现在太空飞行中。

三上太空

1959 年 4 月 2 日，施艾拉入选水星计划，成为美国七位航天员当中的一位。1962 年 10 月 3 日，施艾拉成为第五个上太空的美国人。他驾驶着"水星 8 号"宇宙飞船环绕地球六圈，任务持续 9 小时 13 分 11 秒。太空舱纪录的速度

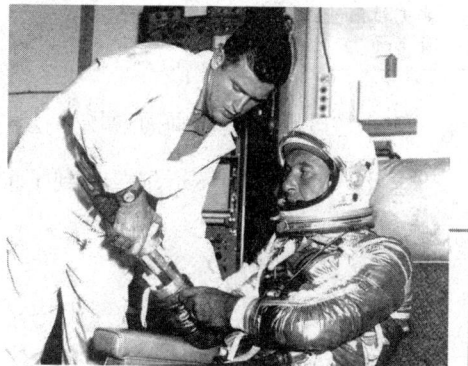

施艾拉在升空前做最后的准备

是每小时 28249 公里，高度为 281 公里。后来，太空舱安全着陆在太平洋搜救船的 6.4 公里范围内。

1965 年 12 月 15 日，施艾拉再次进入太空。他与托马斯·斯塔福德驾驶"双子星 6A 号"，在轨道上与航天员弗兰克·博尔曼和吉姆·洛威尔驾驶的"双子星 7 号"会合。这是航天器第一次在太空中会合，但这只是一项试验，两架太空舱实际上是不能衔接的。次日，"双子星 6A 号"在大西洋着陆，而"双子星 7 号"则继续留在太空执行任务。

1968 年 10 月 11 日，施艾拉成为第一位上太空三次的航天员。在这

施艾拉乘坐的"阿波罗7号"宇宙飞船

次最后的太空飞行中,他担当了"阿波罗7号"的指令长。自"阿波罗1号"在测试期间发生夺命火灾后,"阿波罗7号"是阿波罗计划中第一次执行航天任务。与施艾拉同行的航天员包括唐·埃斯利和瓦尔特·康尼翰。他们在地球轨道上度过了11天,执行衔接练习任务并进行了电视画面现场转播。

至此,施艾拉的飞行记录达到了惊人的4577小时,其中295小时15分钟是在太空。

著名的感冒事件

美国航空航天局的许多人应该都记得:施艾拉在驾驶"阿波罗7号"执行任务期间,因为他的坏脾气而使整个计划差点流产,而起因竟然是因为他患上了感冒。他的这次感冒,恐怕是美国航空航天局历史上最著名的感冒事件了。

飞船出发两天后,施艾拉突然在飞船里发起高烧来,他感到浑身无力,并且不停地流鼻涕。更糟糕的是,飞船船舱内竟然连一片擦鼻涕的纸巾都没有,更别说什么治疗设施了。这也难怪,飞船上主要都是针对太空中的科学实验而准备的各种用品,鉴于飞船内空间的珍贵性,就没有地方放置多余的药品和医疗设备了。

施艾拉为此和休斯敦航天中心发生了激烈冲突。盛怒之下，他拒绝执行休斯敦的命令，而且擅自中断了许多太空科学实验计划。地面指挥官怒不可遏，但却束手无策，只能对远在太空的整个"阿波罗7号"宇宙飞船

施艾拉在飞行期间患重感冒

上的全体机组人员发出严重警告。最后，在飞行外科医生的指示下，他服用 Actifed 感冒药解除了不适，才使事件没有进一步恶化。有趣的是，几年后他成为 Actifed 的代言人，并出现在电视广告中给该产品打广告。

当然，和当局作对是没有好果子吃的，毕竟你还要回到地面上来。施艾拉因为自己的坏脾气，在"阿波罗7号"飞天任务结束以后，就再也没有进入过太空。

下海经商

从美国航空航天局退役后，施艾拉选择了下海经商。其实早在航空航天局供职期间，他就经受不住朋友约翰的盛情邀请，同意合伙经商。他最先是在一家基金会做挂名董事。按照美国航空航天局的规定，如果航空航天员在某一企业内担任董事，则该企业必须是一家与美国航空航天局在业务上没有往来的公司。另外，这类公司还必须保证在今后的业务活动中不妨碍航空航天局的工作。不久，约翰又创建了一家公司，并

将一个董事的位置留给了施艾拉，然而施艾拉的申请遭到航空航天局的拒绝，因为施艾拉违反了当局规定的航天员不能在两家公司担任董事的规定。施艾拉为此事又和上级闹翻，终于辞职全心经商。

约翰为施艾拉专门成立了一家地方性的投资公司，并让施艾拉出任董事长。约翰经常收购那些濒临破产的各类公司，这些公司涉及的商业领域十分广泛，从不动产到石油产业应有尽有。这样一家虽不具备什么特色但业务广泛的公司，正合施艾拉的心意。他接手后，如鱼得水，干得十分带劲，不仅在全美各国奔波，还乐意飞往全世界，出色的业务能力在圈内也是有口皆碑。

投身环保事业

施艾拉和自己的爱犬在一起

正当施艾拉在商场干得风生水起的时候，约翰有点坐不住了。他一开始以为施艾拉只是玩票似的干干，权当增加自己的知名度，没想到施艾拉经营得如此出色，甚至危及到了自己的地位。于是他想方设法把施艾拉架空。当时，环保产业十分兴旺，约翰转而投身这个领域，亲自担任财团法人，而只给了施艾拉一个理事的虚位，十分"友好"地控制住了施艾拉。

然而施艾拉并不介意，相反航天员的经历让他对环保事业情有独钟。因为通过宇宙飞行，他看到了地球被公害污染且愈演愈烈的惨状，所以一直忧心忡忡，这个职位正好给了他大好的机会。他决心从此投身环保事业，并为之奋斗终生。

他曾经坦言："飞往太空之前，我可以说对环境问题等一窍不通，且丝毫也不关心。但自太空返归地球之后，特别是从美国航空航天局退役后，我痛下决心要为人类环境问题的解决

晚年的施艾拉

贡献自己的微薄力量。我是这么想的，但更重要的是我也是一直照这个信念这么做的。同时，这也是我为什么会义无反顾地加盟约翰创办的环保公司全力投身环保事业的重要动因。我向来不认为，这是约翰为了架空我、压抑我而有意给我安排的这一桩虚职差事，是我自己诚心诚意为环保事业献身的。我始终不渝地感谢约翰给我提供的这次施展宏图的机会。"

1969 年，施艾拉从美国海军和美国航空航天局退休之后，与前同僚、美国航空航天局公共事务官员和美国太空与火箭队中心第一行政主任艾巴克比，合写了《真正的太空牛仔》（The Real Space Cowboys）一书，描述了水星计划航天员和他们对美国太空项目的贡献。

2007 年 5 月 3 日，施艾拉因心脏病发作，在加利福尼亚拉荷亚的斯

施艾拉展示自己的新书

克里普斯·格林医院逝世，享年 84 岁。作为唯一一名在水星计划、双子星计划以及阿波罗计划中均执行过任务的航天员，施艾拉为航空航天事业以及晚年为环保事业所做的贡献将为人们所牢记。

第一个遨游太空的美国人
——谢泼德

1961年5月5日，谢泼德乘坐时速8000多千米的水星飞船——"自由7号"飞往太空，从而成为第一个遨游太空的美国人。

飞行员生涯

艾伦·谢泼德（Alan Shepard），1923年11月18日出生于美国新罕布什尔州的小城新汉普塞尔东德维。他的父亲是一名退休军官，家里有一个很大的农场。因为家境优越，谢泼德从小就受到良好的教育，而且颇具商业头脑。他自小就十分着迷于附近一个机场的令人眼花缭乱的飞行表演。从那时起，他就与飞行结下了不解之缘。

艾伦·谢泼德

高中毕业后，谢泼德以优异的成绩被安那波利斯州的美国海军军官学院录取。1944年，他从海军军官学院毕业后，前往"科格斯韦尔"号驱逐舰（DD-651）服役。由于表现出色，他不久就被提拔为正式的海军军官。

为了早日实现飞天梦，谢泼德在得克萨斯州的科波斯克里斯蒂与佛罗里达州的彭萨科拉之间执行海军飞行任务时，还腾出时间在一所民办

飞行学校学习，并获得了驾驶民航飞机的飞行执照。1947年，谢泼德成了一名海军飞行员。随后，他被编入战斗机中队，主要在地中海一带的几条航线上飞行。

飞行员谢泼德

1950年，谢泼德被送往位于马里兰州的美国海军飞行教官学校学习。在取得飞行教练的资格后，他尝试去做试飞员。众所周知，试飞员的工作是很危险的，但这有助于他未来从事更具冒险性的工作，比如太空飞行。

在做试飞员期间，谢泼德曾试飞过一些新型飞机，对不同高度的飞行、海军的空中加油设备以及航空母舰的斜角飞行甲板进行了测试。之后，他被分配到193飞行中队，在奥斯坎尼号航空母舰（CV-34）上短暂服役。他在航空母舰甲板上完成的多角度着陆技术，创立了好几项第一。

1958年，谢泼德被任命为美国大西洋舰队司令部中的一名负责航空飞行的副官。他的飞行时间达到了惊人的8000小时，其中3700小时是喷气式飞机。

一飞成名

1957 年，苏联发射了第一颗电子卫星。不到 4 个月的时间，美国成功地发射了第一艘宇宙飞船。随后，双方开始争夺谁能首先发射载人太空航天器。

1959 年，谢泼德成为参与水星计划的7 名候选人之一，他与其他 6 名航天员一道经历了严酷而又苛刻的训练。由于表现出色，1961 年 1 月，谢泼德被选为美国第一次载人航天飞行的航天员。这次任务原本是要在 1960 年 10 月进行的，但许多计划之外的准备工作将任务推迟了。1961 年 4 月，苏联航天员尤里·加加林成为第一

谢泼德在太空舱内

个进入太空的人类，美国将航天员最先送入太空的计划失败。

在载人飞船升空前，美国航空航天局进行的最后一次试飞是在 1961 年 1 月底，乘客是一只名叫 Ham 的黑猩猩。此次试飞虽然发现了几个问题，但 Ham 生还了。后来，人们经常问谢泼德是如何成为美国第一位太空人的，他开玩笑地回答说："把黑猩猩撵出去，我坐上去，就成了太空人了。"

由于天气恶劣，原定在 5 月 2 日或 5 月 4 日的飞行被迫取消。1961 年 5 月 5 日，谢泼德再次钻进了名为"自由 7 号"的宇宙飞船的太空舱，比起加加林乘坐的只能容纳一人的狭小的飞船座舱，"自由 7 号"就宽敞许多。谢泼德在里面经过漫长的 4 个小时的等待，终于缓缓升空。相对

苏联严格保密的航天飞行，谢泼德的这次飞天是公开化的。数以百万计的广播听众听见了来自佛罗里达州卡纳维拉尔角发射基地的声音："我是艾伦·谢泼德。我将勇往直前，决不后退！祝各位好运！"

1961年，谢泼德重返地球时，在大海中降落，并被直升机吊起

搭载飞船的火箭越升越高。5分钟后，谢泼德感到了太空的失重，他觉得自己飘了起来。"自由7号"的飞行高度达到了约187千米，之后重返大气层。飞船随之降低了速度，在大西洋上着陆，15分钟的飞行就这样结束了。艾伦·谢泼德报告道："一切都好！"一架直升机将他从着陆点送到了一艘待命的船上。与加加林不同的是，谢泼德能够在飞行中手动操纵飞船。他的历史性飞行最终为美国航空航天局扳回了在太空竞争中的劣势。

与加加林的世界航天第一飞相比，谢泼德的飞行不仅晚了23天，而且也不是正式的轨道飞行。不过正如他在飞行后所言，"这是婴儿迈出的第一步，是迈向更大、更高的目标的一步。"

返回地球后，谢泼德成为民族英雄，曾在华盛顿、纽约和洛杉矶的游行中受到盛大的欢迎，并被肯尼迪总统接见。指挥中心负责人金·克兰兹（Gene Kranz）在他的自传《永不言败》（Failure Is Not an Option）中写道，当谢泼德被记者问到他坐在红石火箭顶部等待发射的感想时，他回答："这艘太空船的每一个零件都是由出价最低的承包商生产的。"

在月球上打高尔夫球

1963 年 6 月 13 日，"水星—大力神 10 号"航天飞行被取消后，谢泼德被安排担任指令飞行员，与另一名航天员一道执行双子星计划中的首次任务。1964 年初，谢泼德被诊断出患有美尼尔氏综合症，导致耳朵变得非常敏感，很容易眩晕和耳鸣。这使得谢泼德长达几年被禁飞。

后来，谢泼德得到了当局给他的一个新的职位——航天员办公室主任，负责安排、协调、控制航天员的活动，监督航天员的训练过程，听取航天员们对航天器的意见，等等。

1968 年，加利福尼亚的医生发现可以直接采用手术疗法治疗谢泼德的美尼尔氏综合症。获悉这一消息后，谢泼德兴奋异常。1969 年 5 月，做过耳部手术的谢泼德经过大量的训练重新达到了航天员的身体标准。他原本会担任"阿波罗 13 号"的指令长，但航空航天局认为他还需要一些时间进一步恢复。

1971 年 2 月 9 日，作为当时年龄最大的航天员，47 岁的谢泼德乘坐"阿波罗 14 号"第二次进入太空。2 月 5 日，"阿波罗 14 号"安全返回，这是人类历史上第三次成功的登月任务。去月球途中，三名航天员完成了航天史上首次彩色电视转播。

在月球表面，尽管厚重的太空服和手套很不方便，谢泼

"阿波罗 14 号"成员合影

谢波德在月球上和美国国旗合影

德还是打了高尔夫球；他一共打了两杆，第二杆把球打得"很远很远很远"。他也因此成了唯一一位在月球上打高尔夫球的人。当他挥动球杆将球击出时，小球在稀薄的月球大气中穿行，速度要比在地球上快得多。

谈起这次经历，谢波德说了一件趣事：当年他找到上司，说："我想在月球上打高尔夫球。"上司对他的回答是："谢波德，15年来你尽给我找麻烦。"拒绝了他的要求，但谢波德最终还是实现了自己的愿望。

从航天员到银行家

从小家境优越、颇具商业头脑的谢波德即使是在当航天员期间也不忘投资赚钱，是航天员中令人艳羡的百万富翁。

和一般的航天员将家安在休斯敦航天中心附近不同，谢波德却情愿一个人住在市中心热闹的街区。精明的他深知自己是住在闹市区中唯一的航天员，这样一来他很快就成为了当地社交界颇受欢迎的人物。他经常出入高级的社交场所，很快就结识了许多有名望的财政界人士，从中积聚了不少人脉，当然也从中发掘了不少难得的机遇。

1963年，他同本地的两位实业家合伙，投资138万美元收购了德克萨斯州的若干家小型银行。6年后，他们以3倍的收购价将其抛售，大赚了一把。在小试牛刀尝到甜头以后，1965年，谢波德又同二人合作，花

200 万美元一举买下休斯敦市许多小型银行中的百分之五十的股权。一年半以后，又花 300 万美元买下其另一半股权。

就这样，谢泼德利用自己的名气和当地的商界人士大力合作，不断扩大投资范围，涉及不动产、石油业、汽车销售业、建筑业，等等。雪球越滚越大，谢泼德的腰包也越来越鼓，他一跃成为百万富翁。在航天员中，许多人干脆直接称他为"银行家"。

谢泼德获得巨大商业成功的秘诀还在于他善于充分利用自己的人际关系。他邀请许多航天员伙伴在自己的公司做挂名董事，为他们发放诱人的薪水，而公司就可以利用宇航们的形象免费做宣传，从而广开财路，可谓一举两得。

1974 年，谢泼德正式从美国航空航天局引退。退役后，他创办了七一十四公司（Seven - Fourteen Enterprises，以他的两次航天任务命名）。1988 年，谢泼德和迪克·斯雷顿一道写了《月球之旅：美国去月球的内部故事》（Moon shot：The Inside story of America's Race to the Moon）。1994 年，该书被翻拍成电视剧。

虽然拥有万贯家财，谢泼德还是没有摆脱病魔的纠缠。在与白血病苦斗了两年后，他于 1998 年 7 月 21 日在家乡蒙特雷去世，

《月球之旅：美国去月球的内部故事》的封面

享年 74 岁。美国航空航天局局长戈尔丁称，谢泼德的去世使该局损失了一位最伟大的开拓者，也使美国损失了一颗耀眼的明星。克林顿总统也称赞他是"我们最伟大的航天员之一"。

太空美景

不屈的太空斗士——斯雷顿

1975 年 7 月 17 日，美国的"阿波罗号"宇宙飞船与苏联的"联盟号"宇宙飞船在地球轨道上实现了划时代的"太空对接"，而执行此次航天任务的斯雷顿也终于实现了自己的飞天梦，他等待这一刻，整整用了16 年。

痛失飞天机会

迪克·斯雷顿

1924 年 3 月 1 日，迪克·斯雷顿（Deke Slayton）出生于美国威斯康星州斯巴达附近的农场。儿时的一次事故使他的左手无名指严重受伤，差点断送了他的飞行员生涯。1942 年，中学毕业的斯雷顿进入了美国陆军航空队学习飞行。二战爆发后，他作为轰炸机飞行员被派往欧洲战场，共执行了 56 次任务。后来，他又转往太平洋战场，驻防冲绳美军基地，先后 7 次执行对日本本土的空中轰炸任务。

二战结束后，斯雷顿进入明尼苏达大学深造，获得航空工程学士学位后，被派往空军飞行教官学校任职。经过三年的磨炼，1959 年，被美国航空航天局选为水星计划 7 人的一员，成为美国资历最老的航天员

之一。

世界航天员轶事

水星计划7人合影（从左至右：施艾拉、谢波德、斯雷顿、格里森、格伦、库勃、卡彭特

1962年，斯雷顿原本要继格伦之后执行第2次载人地球轨道飞行，可是就在距自己的太空之旅到来之前的两个月，在一次例行的体检中，斯雷顿被发现心脏有问题（先天心房纤维颤动），而被取消了这次执行任务的资格。虽然他本人并没有感到任何不适，但是医生的诊断书还是将他的飞天梦无情地击碎了。

要知道，赢得这样一次机会是何等的不易，将来是否再有这样的机会也很难说。斯雷顿痛苦地看着机遇从手中溜走。后来，他的飞行任务由斯科特·卡彭特（Scott Carpenter）执行。斯雷顿也因此成为水星计划7人中唯一没有在水星计划中执行过任务的成员。

掌管航天员的"生杀大权"

因为心脏问题，斯雷顿不得不从心爱的航天员岗位上退下来，但是他并没有离开自己热爱的航空航天事业。1963年，他从空军退役后，开始以平民身份为美国航空航天局工作，从事后勤管理工作。开始时，他只是担任航天员部的副部长，不久他因工作兢兢业业而晋升为部长，负责管理与航天员相关的一切事务。这也就意味着他掌管了航天员的"生

杀大权",比如谁有资格入选航天员,谁又有机会遨游宇宙,有幸被选中的机组人员具体执行什么任务,等等。这些都得由斯雷顿来最后拍板决定。

挑选航天员这项工作看似容易,好像只根据每个人的技术水平就可以确定相应的人选了,实际情况并非如此。斯雷顿深知责任重大,稍有不慎就会造成不可弥补的过失。所以他平时处处留意,仔细观察,争取对每一位航天员的性格、能力、训练情况都了如指掌。

美国航空航天局确定航天员的最终人选时,都要征询斯雷顿的意见,而斯雷顿也从未让他们失望过,由他精挑细选的航天员们个个都出类拔萃,无一例外地出色完成任务。而航空航天局甚至从不出具书面的名单,最后确认的名单都由斯雷顿口头宣布。可见斯雷顿在美国航天界的位置。

斯雷顿不仅有决定航天机组成员的权力,而且在选拔新入选的航天员时,他的意见也至关重要。在面试准航天员时,他都要以考评委员会特邀评委的身份参加。如果有新人获准通过,斯雷顿还要例行负责给

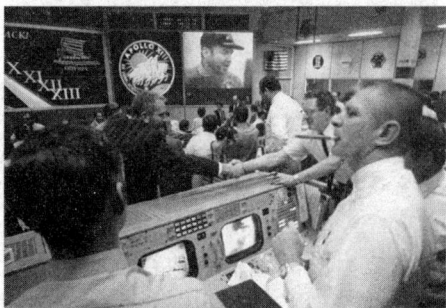

"阿波罗13号"安全返航,斯雷顿与工作人员握手庆祝

每一名新科航天员打电话,亲自道一声"恭喜"。

斯雷顿在双子星计划和阿波罗计划的航天员选择中起到了决定性的作用,甚至包括决定谁将第一个登上月球。作为水星计划的一员,他对其他仍然担任航天员的水星计划成员始终很关心,一直保证他们能够得到飞行任务。

与病魔顽强斗争

虽然在其他航天员眼中，斯雷顿享有至高无上的权力，但是从他内心来讲，飞往太空才是他一生矢志不渝的追求和梦想。他情愿飞往宇宙，也不愿意享有现在的权力。所以，他一边积极为美国航空航天局挑选和培养后备的航天员，一边积极配合医生加紧治疗自己的心脏病。这些活动都是在暗地里进行的，他不想让别人知道他对太空飞行还有"非分之想"。

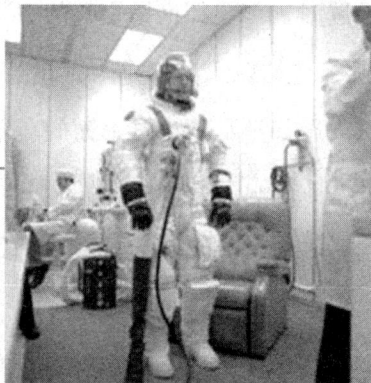

斯雷顿在进行模拟训练

为了早日康复，斯雷顿在衣食住行方面全面节制自己的生活，他戒掉了烟、酒，甚至自己心爱的咖啡。为了让自己的身体始终处在最佳状态，他还每天坚持科学的体育锻炼，风雨无阻，十几年如一日。总之，对心脏哪怕有一丁点可能性伤害的事情他都毅然拒绝去做。反之，对之有利的事情，他都全力以赴。要做到这些，必须付出常人无法想象的努力，需要惊人的毅力和耐心。而支撑他做这一切的就是他的飞天梦想。

苍天不负有心人，斯雷顿用自己的不屈意志等到了奇迹的出现：他的心脏不规则脉搏出现的频率越来越少了，最后终于完全消失了。无论严苛的医生怎么突击检查，均未发现不规则的跳动。尽管如此，医生们仍然迟迟不肯发放"飞行许可证"。斯雷顿只好四处奔波，到处找寻专家为自己会诊，终于得到一纸珍贵的综合诊断说明书。最后斯雷顿要想上

天还得经过航空航天局上级部门的核准，他又为此花费了不少心血和精力。当他终于拿到梦寐以求的飞行许可证时，时光已经流逝到 1972 年。

终圆飞天梦

当斯雷顿凭借惊人的毅力终于拿到航天飞行许可证时，恰逢阿波罗计划全面结束，无奈的斯雷顿只好等待下一次机会。可随之而来的太空实验室计划也早已选定了相应的人选，他半点插足的机会都没有。这个消息无疑对斯雷顿是个巨大的打击，而已经提上日程的航天飞机计划在当时看来还是遥遥无期。斯雷顿追求一生的航天梦眼看就要化为泡影。

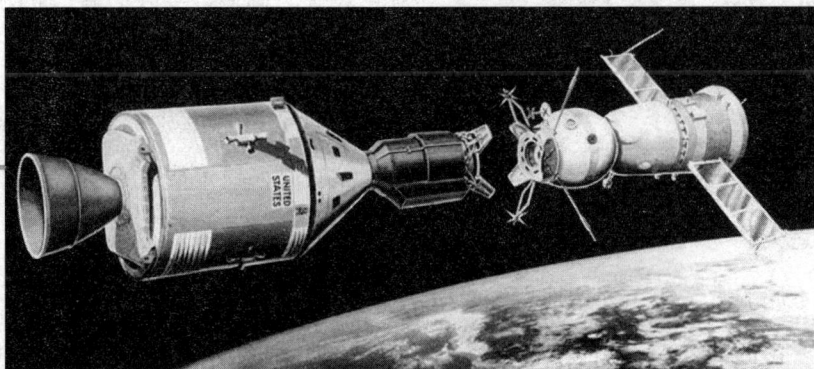

"阿波罗联盟号"航天器在太空对接的想象图

俗话说得好，上帝为你关上一扇门的时候，也会为你打开另一扇窗。就在斯雷顿最为沮丧灰心的时候，命运之神终于再次眷顾他。1973 年，当时的美国总统尼克松访问莫斯科时和柯西金总理举行会谈，双方共同签署了一项两国宇宙飞船实现"太空对接"的计划。美国航空航天局决定选拔 3 名航天员来完成这次史无前例的重要任务。

已到知天命之年的斯雷顿清楚地知道，这次机会恐怕是实现梦想的

最后机会了，如果错过将会抱憾终身。为了抓住这次机遇，他毅然辞去了待遇优厚、位高权重的航天员部长职位，以一名普通航天员的身份投入航天训练。

作为航空航天局的几朝元老之一，和那些踌躇满志而又条件优秀的新人们竞争是一件多么困难的事情。众所周知，只有 3 个人有机会进行这次太空旅行，大家个个都是铆足了劲地训练，谁也没有对这位德高望重的前辈手下留情。

英美宇航员实现历史性握手

最后，斯雷顿凭借出色的技术和身体条件毫无争议地赢得了一个名额，入选"阿波罗—联盟号"的机组成员。1975 年，飞船进入航天倒计时状态，而斯雷顿也年满 51 岁。从披上宇航服起，他等待这一天，等了 16 年之久。当年知晓此情的美国公民，纷纷写信或打电话给斯雷顿，向这位不屈的太空斗士表达他们的崇敬之情。

1975 年 7 月 15 日，"阿波罗号"宇宙飞船和"联盟 19 号"在各自的国家发射升空，两者间隔了七个半小时，它们于 7 月 17 日在太空实现了历史性的对接。三小时后，两艘飞船上的指令长美国的斯塔福德和苏联的列昂诺夫在"联盟号"的舱门处进行了不同国家的航天员在太空的第一次握手。两国的航天器共连接了 44 小时，其间包括斯雷顿在内的三位美国航天员和两位苏联航天员交换了国旗和礼物（包括后来被栽种的树种），并互相交换了签名，参观对方的航天器，合作进行科学实验，一起进餐以及使用对方的语言。7 月 17 日，斯雷顿一行三人完成了具有历

史意义的航天使命后平安返回地球。

让记者头疼的采访对象

与斯雷顿打过交道的人几乎都有这样的感受，他宽以待人，温文尔雅，彬彬有礼，他甚至一度被奉为美国男人的偶像，被认为身上集中了美国男人的所有优点。对于这样一位历经 16 年的奋斗终于梦想成真的宇航元老来说，身上的新闻点自然不少。飞天归来以后，斯雷顿一直是新闻记者们的重点"关照"对象。不过让记者们十分头疼的是，斯雷顿的身上似乎没有什么新闻可挖。

通常记者采访航天员时，都会要求他们回答一些诸如宇宙之行对精神、心理有什么特别感受之类的话题，包括神灵、人类、宇宙、生死、

生活中的斯雷顿

意识等颇具哲学意味的问题。对大多被采访的航天员们来说，他们也都愿意敞开心扉，用自己的方式回答这些千篇一律的问题。然而生性木讷、严肃的斯雷顿可说是个"异类"。对于此类问题，他总是答非所问，闪烁其词，要不就是顾左右而言他，让那些资深记者都十分无奈。

不过要是据此认为斯雷顿是一个不善言辞的人，那就大错特错了。因为如果你掉转话锋，向他提及那些与宇宙飞行相关的话题时，他就会滔滔不绝地侃侃而谈，甚至连你插话的空都没有。而当你认为他打开了话匣子，将话题再次引入到那些颇敏感的内心感受时，他便立刻警觉地

支支吾吾，甚至缄口无言。或许，要想探究斯雷顿内心世界的人们只能从他的那本书《迪克·斯雷顿自传》（Deke！：An Autobiography）中去寻找答案了。

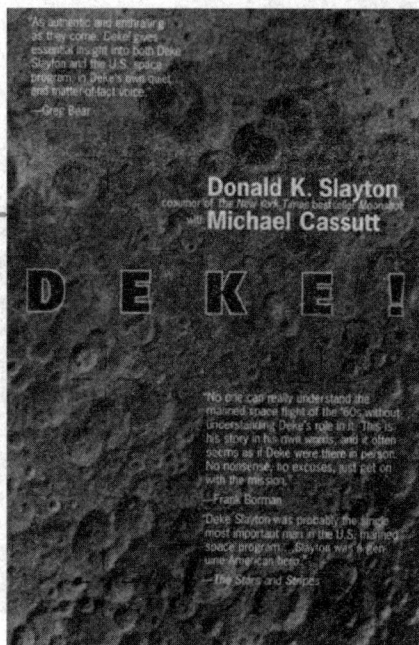

《迪克·斯雷顿自传》的封面

完成自己的飞天梦想后，斯雷顿又重新回到美国航空航天局航天员部长的位置上，并一直干到他58岁退休为止。退休后，他成为位于休斯敦的太空服务有限公司的总裁，潜心研制小型商业火箭。他还参与了"Conestoga"火箭的设计和生产，并于1982年9月9日成功发射。除此之外，他还对竞技飞行产生了兴趣。

1988年，斯雷顿与前航天员谢泼德合作写了《月球之旅：美国去月球的内部故事》（Moon Shot：The Inside Story of America's Race to the Moon）。这本书于1994年被搬上荧幕，可惜斯雷顿最终没能看到这部电影。他于1993年6月13日因脑瘤去世于得克萨斯州的里格城。

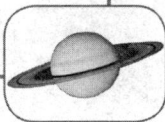

太空英雄中的英雄——扬

约翰·扬是第一个完成 6 次太空飞行的人，共在太空度过了 835 个小时，被誉为"太空英雄中的英雄"。

创造多个飞行记录

约翰·扬（John Young），1930 年 9 月 24 日出生于美国加利福尼亚州的旧金山市，童年在奥兰多度过。从小就喜欢体育运动的扬身体素质十分出众，中学时就是校足球队的后卫，而对航模的特殊兴趣则为他的航天员生涯打下了良好的基础。

约翰·扬

1952 年，22 岁的扬以优异的成绩毕业于佐治亚理工学院，获航天科学学士学位，同年进入海军服役。由于向往在蓝天翱翔，扬一直积极申请去飞行学校学习飞行。1955 年，他终于获准前往海军航空基地 103 飞行中心任试飞员，一待就是七年。在自己的飞行员生涯中，扬创造了不少令人惊叹的飞行记录，仅在 1962 年短短的头四个月中，他就创造了三项飞行记录：在 34.524 秒内上升 3000 米；在 230.14 秒内上升 7620 米；驾驶战斗机在试飞中创下 25 千米的飞行高度世界纪录。

— 85 —

六次太空飞行

1962 年 4 月，美国的双子星座计划和阿波罗计划招收航天员，约翰·扬在 200 名申请者中脱颖而出，成为最后九名佼佼者之一。1962 年 9 月，扬正式进入休斯敦载人航天中心，成为美国第二批航天员。

约翰·扬和"双子星 3 号"另一成员格里森的合影

1965 年 3 月 23 日，约翰·扬和另一航天员乘"双子星 3 号"飞船开始执行首次航天飞行任务。这次太空之行仅有 4 小时 52 分钟。这是美国第二代载人飞船的首次飞行。两位航天员驾驶"双子星 3 号"飞船绕地球飞行了 3 圈，进行了上升、下降、前进、后退和左右转动等操纵试验，取得成功。

1966 年 7 月 18 日，约翰·扬和柯林斯结伴，乘"双子星 10 号"飞船第二次飞上太空。他们在太空停留了两昼夜 22 小时 47 分钟。这次约翰·扬和同伴驾驶飞船绕地球飞行 43 圈，在太空与"阿金纳"末级火箭成功地会合对接，并取回一个收集微流星的箱子。他们飞行的最重要成果是与末级火箭对接获得成功，这为两艘飞船今后在太空对接飞行打下了牢固的基础。

约翰·扬第三次上天是 1969 年 5 月 18 日，他担任指令舱驾驶员，与航天员托马斯·斯塔福德（Thomas Stafford）和尤金·塞尔南（Eugene Cernan）

扬和"双子星10号"另一名成员柯林斯

一起乘"阿波罗10号"飞船,进行载人登月前的最后一次演习飞行,历时8昼夜零3分钟。他们进入月球轨道后,约翰·扬驾驶指令舱飞行,与登月舱逐步拉开一段距离,保证斯塔福德和塞尔南驾驶登月舱飞到离月面14千米的地方考察登月着陆点,然后与返回月球轨道的登月舱会合。演习飞行完成后,他们离开月球轨道返航,5月26日安全溅落在南太平洋上。

1972年4月16日,约翰·扬担任指令长,同航天员肯·马丁利(Ken Mattingly)和查尔斯·杜克(Charles Duke)一起乘"阿波罗16号"飞船第四次进入太空,完成一次登月飞行。这次共飞行11昼夜1小时51分钟。在这次飞行中,约翰·扬和杜克驾驶登月舱在月球表面的笛

卡尔高地附近着陆，停留 71 小时零 2 分钟，其中在舱外活动 20 小时 14 分钟，三次使用月球车对月球表面高地进行科学考察，采集了 90 千克月球岩石土壤样品。最后于 4 月 27 日安全地返回了地球。

1981 年 4 月 12 日，约翰·扬和罗伯特·克里彭（Robert Crippen）参加了第一架航天飞机"哥伦比亚号"的第一次飞行。此时，约翰·扬已年届 50 岁。在这次航天飞机的首航中，扬和克里彭试验了航天飞机各个系统的性能，总共飞行两昼夜 6 小时 20 分钟。

扬乘坐"阿波罗16号"登月后在月面行走

约翰·扬最后一次参加航天飞行，是 1983 年 11 月 28 日。他又一次担任"哥伦比亚号"航天飞机指令长，和另外 5 名航天员一道进入太空，经历了 10 天零 7 小时远航，在第一次运载上天的欧洲空间实验室内进行了 73 项科学实验，取得了丰硕的实验成果。12 月 8 日，约翰·扬一行人结束了这次飞行，返回了地面。

在这 6 次太空飞行中，约翰·扬共度过了 835 个小时。

将"三明治"带上飞船

在美国航天员中，约翰·扬以遇事冷静和技术娴熟著称，但他有时候的"不拘小节"却让地面控制人员惊出一身冷汗。在执行双子星计划第一次载人任务时，约翰·扬创下了美国航天史上的另一个"第一"：在

未经允许的情况下，将一块碎牛肉三明治悄悄带上了飞船。

"双子星3号"发射升空

在太空船进入轨道之后，这位老兄居然在地面控制人员上千双眼睛的注视下，掏出这块三明治有滋有味地吃起来。这一场景把地面控制人员吓出一身冷汗，因为三明治的碎粒随时有可能令精密的仪器崩溃。当然，约翰·扬也因此举受到美国航空航天局的严厉批评。

"阿波罗17号"上天前，他原本可以顶替在踢足球时受伤的塞尔南再登月球，但却因"三明治事件"与"留在月球上的最后足迹"擦肩而过。

从不向权威屈服

约翰·扬一向坦率直言，很受同伴的喜欢。在"阿波罗10号"飞行任务中担任指令长的斯塔福德这样评价约翰·扬："他是那种知道哪种技

术可行并且一直坚持己见的人。他从来不会向所谓的权威屈服。"

扬曾经的搭档斯塔福德

然而这种爽朗直率的性格也曾给他带来很大麻烦。1986年，"挑战者号"航天飞机失事之后，一向心直口快的约翰·扬对当局提出了很多尖锐的批评意见，此举惹恼了不少美国航空航天局的高层。于是在1987年5月约翰·扬突然被调换了职务。再有就是他原本可以第7次上天修复哈勃太空望远镜，后来也因此事中止。但航空航天局否认约翰·扬被调离航天员岗位与他对高层的评论有关。

此后直到1996年，约翰·扬一直在休斯敦的约翰逊太空中心担任特别助理，其工作主要是负责航天飞机计划的安全和工程事务。在1996年之后，他的工作转为负责监察约翰逊太空中心的技术和安全事务。

在此期间，约翰·扬并没有放弃上天的梦想，仍然保持着较佳的身体状况。从理论上说，他的条件仍然足以在任何航天飞机飞行任务中担任指令长。能做到这一地步，可以说是非常难能可贵的，因为和他同时代，甚至后来与他一起执行过任务的那些年轻航天员，都已经离开航空航天局到其他领域发展去了，只有约翰·扬一直坚守着。

当不承担飞行任务，也不再接受飞行训练之后，他转而帮助和保护年轻一代的航天员。在这种培训工作中，约翰·扬对于年轻航天员关于

安全的问题有问必答，从而获得了"备忘录记录者"的称誉。

始终心系太空事业

2004 年 12 月 7 日，74 岁的扬结束了自己 42 年的航天员生涯，宣布退休。同年 12 月 31 日正式退休。退休前一天，他还参加了航天飞机的例行早会。

对于退休之后的生活，约翰·扬表示，他仍然着迷于那些枯燥的安全规程工作，特别是让航天飞机重新升上太空。即使离开航空航天局之后，他也会继续关注这项工作。

晚年的扬

约翰·扬说："我不会离开这项工作。但是我年纪太大了，很难继续坚守在这里每天干上 12 个小时的活。而在这些太空计划中，往往每天工作上 12 个小时都会让人觉得时间不够用。"

第一个在斋月飞入太空的穆斯林
——穆扎法尔

2007 年 10 月 10 日，作为马来西亚首位航天员，穆扎法尔与俄罗斯和美国航天员共同搭乘"联盟 TMA－11 号"飞船升空，从而成为第一个在斋月飞入太空的穆斯林。

马来西亚的"太空偶像"

谢赫·穆扎法尔·舒库尔（Sheikh Muszaphar Shukor），1972 年 7 月 27 日出生于马来西亚的吉隆坡，在印度的卡斯特柏医学院获得了学士学位。毕业后他成为一位外科医生，并且担任马来西亚国民大学的医学讲师。

谢赫·穆扎法尔

穆扎法尔并不安于医生这个职业，总是想挑战自己。由于身材长相俱佳，他曾尝试做过兼职模特。后来，他又和朋友合伙开了一家餐厅，自己当上了老板。然而，穆扎法尔对自己个人潜能的挑战远未结束。

2003 年，马来西亚与俄罗斯达成一项协议：马来西亚以 9 亿美元购

买 18 架俄罗斯苏 30-MKM 战机，俄则同意把一名马来西亚航天员送入太空。

同年，马来西亚政府开始在全国选拔第一位航天员。为吸引更多人参与，马政府举办了"太空偶像"大赛，把报名者的资料公布在网上，鼓励民众用短信投票的方式决定。最终，外形俊朗的穆扎法尔从 1.1 万名多报名者中脱颖而出，勇夺第一名。

在当选"太空偶像"后，穆扎法尔曾表示："我从 10 岁开始就经常梦想着有一天能飞往太空。"他最喜欢的电视剧一直是《星际旅行》，电影则是《星球大战》。

穆扎法尔在进行训练

马来西亚首位航天员

2006 年年初，穆扎法尔与其他三名最终入选者开始接受航天员训练。同年 9 月，在俄罗斯完成初步训练，并通过最后的身体检查后，他被挑选为"联盟 TMA-11 号"成员之一。

获知自己被选中的消息后，穆扎法尔发表了一封致马来西亚人民的公开信。他在信中说："太空是分享文化与传统的空间，这里有来自世界各地的航天员聚在一起进行实验。全世界有上千万人都在看着我们，我希望能把马来西亚的文化与传统介绍给他们。"

穆扎法尔在信的末尾还模仿了美国黑人领袖马丁·路德·金的名言：

"我有一个梦想，一个全体马来西亚人的梦想及希望。"

格林尼治时间 2007 年 10 月 10 日 13 点 22 分，"联盟 TMA－11 号"载着穆扎法尔、俄罗斯的尤里·马连琴科和美国的佩吉·惠特森顺利升空。穆扎法尔由此成为首位飞往太空的马来西亚人。

随着载人飞船顺利进入轨道，发射场的工作人员和观看人群中爆发出一阵掌声。穆扎法尔的父母也在其中，他们饱含泪水目送飞船进入太空，并默默祷告。

2007年10月10日，"联盟TMA-11号"飞船成功发射

飞船发射时，马来西亚当地时间是 10 日晚 9 时 22 分。许多马来西亚人满怀骄傲，通过电视直播见证了这一历史性瞬间。巴达维总理和 2000 多名马来西亚人在吉隆坡会议中心观看电视直播，许多人还特意穿上了传统民族盛装。

在短暂的太空飞行期间，当过医生的穆扎法尔还将进行有关癌细胞、蛋白质和微生物的实验。

太空斋戒

穆扎法尔是探索太空的第九名穆斯林。他在太空的日程恰逢穆斯林斋月后期。根据伊斯兰教教义，斋月期间所有穆斯林在每天日出至日落期间禁止一切饮食。

马来西亚宗教学者曾专门为此发布教令，准予穆扎法尔在太空中免

于斋戒。但穆扎法尔在自己的网络日志上说，他"肯定会在太空中祷告和斋戒"。

穆扎法尔的太空食品主要是马来西亚产的真空包装食物，包括鸡肉串、香蕉卷、豆制点心、姜汁饼干等。他说他希望与其他航天员分享自己的食物，"把马来西亚文化和传统介绍给世界"。

根据伊斯兰的教义要求，参照日出日落，穆斯林一天内要祷告5次。但在太空中，国际空间站每天要绕地球飞行16次，这意味着穆扎法尔每24小时需做80次祷告。而马来西亚宗教学者最终裁定，穆扎法尔在太空中仍只需一天祷告5次。

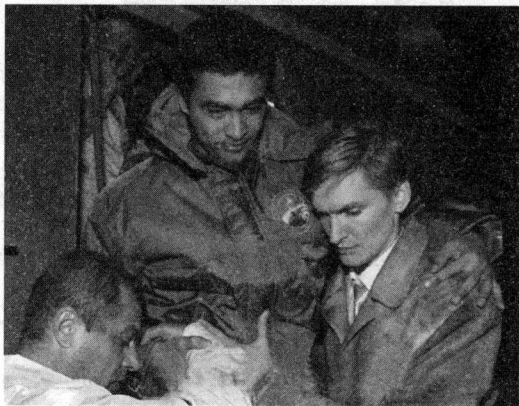

穆扎法尔安全返回

穆扎法尔本人则表示，返回地球后，他将把太空中的斋戒和祷告等经历与"全世界穆斯林共享"。

想"毁约"早日成家

早在2006年，为了圆太空梦，穆扎法尔与另一名航天员候选人法伊兹·哈立德曾与马来西亚政府签署协议，允诺不会在2008年前结婚。协议要求他们不能结婚意在要他们专心训练，为祖国的航天事业尽职尽责。

2007年10月穆扎法尔顺利完成太空之旅后，他也一度表示，希望能

生活中的穆扎法尔

修改与政府签订的"不婚协议"，早日成家。因为 37 岁的他已经做好了结婚的准备，不过英俊的马来西亚"太空偶像"却并未对外明确表示自己是否已经有了满意的结婚对象。

有关当局负责人也表示，完成历史使命的穆扎法尔有权选择自己的个人生活，政府不会干涉。不过即将准备成为马来西亚第二位航天员的哈立德就没这么幸运了，因为他必须为三年后升上太空做好准备，所以按照协议暂时不能结婚。

穆扎法尔平时爱好很多，喜爱游泳等体育项目，他还作为火炬手参加了奥运火炬在马来西亚的传递，十分喜欢看奥运会的游泳和跳水比赛。

虽然代表马来西亚的人民圆梦太空，不过他本人至今还有两个梦想没有实现，一是 2013 年拿到飞行员"驾驶执照"，二是到非洲工作两年，关爱非洲儿童。

世界第一位女航天员
——捷列什科娃

1963年6月16日至19日，捷列什科娃驾驶"东方6号"宇宙飞船在太空遨游70小时50分钟，从而成为世界上第一位女太空人。

从纺织女工到航天员

瓦莲京娜·弗拉基米罗芙娜·捷列什科娃（Валентина Владимировна Терешкова），1937年3月6日出生在苏联雅罗斯拉夫尔州图塔联夫区马斯连尼科沃村。她的父亲在前线阵亡，母亲一个人辛苦地把她和其他两个孩子拉扯大。1955年中学毕业后，捷列什科娃进入纺织厂工作，成为一名普通的纺织女工。虽然只是一名小小的纺织女工，捷列什科娃却拥有许多大胆的梦想。

瓦莲京娜·捷列什科娃

捷列什科娃的身体条件十分出众，这和她从小就十分喜欢运动不无关系。她擅长滑雪和游泳，并且多次横渡伏尔加河。在工作之余，她一直积极参加体育运动。偶然的一次机会，她观看了跳伞俱乐部姑娘们的跳伞，从此迷上了这项勇敢者的运动。1958年，她加入了跳伞俱乐部。

但这项运动绝不像看起来那么优美迷人。第一次跳伞给她留下了终身难忘的印象，她后来回忆说："在空中，我看到白云在漂浮，看到伏尔加河在太阳照耀下闪着银光，树林变成了一条条绿色的带子。当你感觉到气流的强烈冲击时，你会真切地体会到什么是天空和空气。高度带来胜利的喜悦，精彩而辽阔的世界在我的眼前展开。"

年轻时的捷列什科娃

1961 年，加加林首航太空归来。捷列什科娃同许多姑娘一样，非常羡慕这位太空"天王"，并与女友一起联名上书航天部门，要求培养女航天员登天。没想到这封信引起了重视，没两天她们便被邀请去莫斯科座谈。这些姑娘兴奋地阐述了自己的想法，并希望成为第一批女航天员。

经过严格的体检，捷列什科娃被选入首批女航天员队伍。据捷列什科娃自己的描述，当宣布名单时，她极其兴奋和激动，"简直欣喜若狂"。

"捷"足先登

航天员的训练并不同于一般的飞行员或者跳伞运动员训练。捷列什科娃入队后的新奇和兴奋感很快就被严酷的训练所代替。大名鼎鼎的航

天员加加林负责管理她们这些人。在捷列什科娃的印象中，"加加林温和、友好地对待每一个队员，一直训练了约一年左右"。

捷列什科娃曾用"残酷"来形容这一年的训练。大多数女学员都是优秀飞行员或运动员，体能训练对她们来说相对容易，作为普通学员的捷列什科娃却承受着巨大的压力，她咬着牙坚持了下来。

在这一年中，她们学习了有关空间医学、火箭发动机、天体运行机制、轨道动力学、天文学和宇宙飞船设计等方面的知识，接受了生存训练、空降技巧训练、无线电联

训练中的捷列什科娃

捷列什科娃上天飞行前
在理发店打理头发

络技术指导以及模拟的空间飞行特殊情况的专门训练，还有许许多多令人无法想象的体能和心理训练。捷列什科娃后来回忆说："女性进入太空在准备期绝对要付出几倍于男性的努力。宇宙对我们妇女既不多情，也不宽厚，因此我们要接受与男子完全一样的训练。"

经过一年左右的艰苦训练，

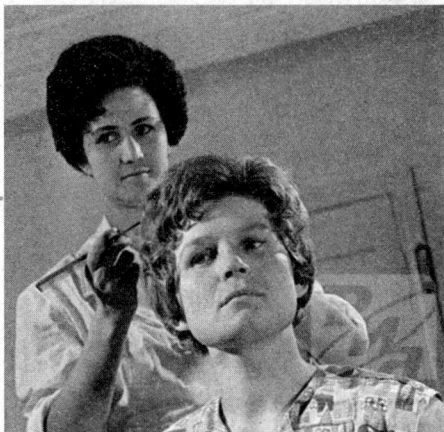

— 99 —

捷列什科娃被选中上天。其实一开始谁也不知道"1号"是谁，直到上天前两周才决定从捷列什科娃和索洛维约娃中选一个，最终让谁飞由上级决定。由于在当时的时代背景下，"阶级立场"是重要的标准之一，而捷列什科娃出身工人阶级家庭，索洛维约娃则出身知识分子家庭。于是，捷列什科娃"捷"足先登，最终被选中。

太空"海鸥"

1963年6月16日清晨，捷列什科娃穿上她那件笨重的太空服，前往火箭发射场。她的太空服虽然超过了90千克重，但与男航天员的太空服相比还算漂亮：胸前一侧绣了一只美丽的和平鸽，另一侧绣的是一只海鸥，她此次的飞行代号就是"海鸥"。

捷列什科娃在做起飞前的最后准备

火箭载着"东方6号"冲天而起，巨大的加速度加大了地心引力对航天员的作用，作用最大时达到了地心引力的5倍，这意味着捷列什科

娃会感到自己的重量是平时的 5 倍。"东方 6 号"进入轨道后，与 6 月 14 日发射的飞船"东方 5 号"进行联合飞行。飞船的速度是每小时两万八千千米，每 86 分钟就绕地球一圈。

捷列什科娃是这样回忆自己的首次太空飞行的：

"我稳坐在宇宙飞船的密封舱内，没有想到自己的家庭，也没有想过是否能返回地球。我脑子里只装着未来 24 小时内承担的使命和责任：拍照片并且做科学实验。但是，最值得一提的是，当我在太空中看到无比壮观的地球时，实在抑制不住内心的激动，我对它产生了深深的眷恋。我向这颗美丽的星星——地球提出延长在太空逗留的时间，领导批准我绕地球运转 48 圈。我飞行了 70 小时 50 分钟，航行约两百万千米，这是我一生中最大的幸福。"

"我在宇宙飞船中就像在自己家中一样。我几乎一点也没睡，因为我不想漏掉任何细节。有件事使我奇怪，在地球上我常常梦见许多事情，而在太空中，我却没做过任何梦。也许因为我用皮带紧紧地捆住自己，一点睡意也没有。"

"飞船的速度是每小时两万八千千米，我用 86 分钟就绕地球一圈。在地球上难以想象我们的星球是那么美丽壮观，它呈现出不同的颜色和光泽。它给我的印象太深刻了，至今我在梦中还常常浮现出它那动人的画面。"

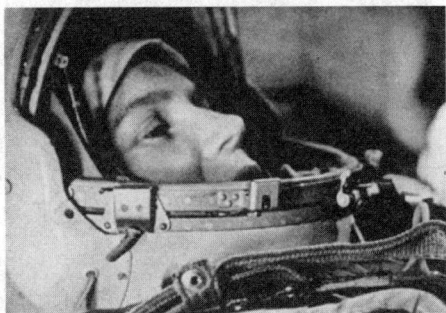

捷列什科娃在"东方 6 号"的密封舱内

捷列什科娃的原定飞行时间为一天，由于她感觉身体状况很好，于

是向地面指挥中心提出延长在太空逗留的时间。地面指挥部允许她多飞了两天。

捷列什科娃在太空一共飞行了约 71 小时，绕地 48 圈。迄今为止，她仍是世界上唯一一位在太空单独飞行 3 天的女性。在这次飞行中，她完成了生物医学实验和科技考察计划，并证明了妇女也能在太空正常生活和工作。

当捷列什科娃随着降落伞飘然降落时，成千上万等候在地面上的人向她涌来，祝贺她勇敢地完成了航天史上的一次壮举。一位老太太好奇地问："姑娘，你在天上看见上帝了吗？"她幽默地回答说："没有，也许我的轨道与上帝的轨道不同。"老太太感激地说："谢谢姑娘，你没有骗我。"

婚姻问题惊动苏共总书记

1963年11月3日，捷列什科娃和尼古拉耶夫结婚

捷列什科娃载誉归来五个月后，就闪电式地与苏联第三号航天员安德里安·尼古拉耶夫结了婚，组成了世界上第一个航天员之家。1964 年 6 月 8 日，捷列什科娃生下一个女孩，取名耶莉娜。耶莉娜以其父母都是航天员而闻名。

不过，这段婚姻从一开始就埋下了不和谐的调子。苏联空军负责管理航天员的卡马宁将军曾在他们婚礼一周后的日记中写道："对于政治和科学来说，他们的婚姻可能

是有益的；但是我根本不相信瓦莲金娜真爱安德里安。他们的性格完全不同——她热情如火，他静如止水；两人都是个性很强的人，没有谁会主动服从对方……"

不过，两人还是在一起生活了 19 年。只是从 1979 年年中开始，人们发现他们很少在一起。但是由于种种原因，他们当时并未正式离婚。据说，捷列什科娃与尼古拉耶夫的个人问题最后惊动了苏共总书记勃列日涅夫，最后是他亲自批准了两人的离婚请求。

中国之行

1963 年的太空飞行是捷列什科娃一生中唯一一次的太空之旅，此后她没能再入太空。为了更专心地从事挚爱的航天事业，她辞去了俄罗斯政府下属的国际科学和文化合作中心主任的职务，担任俄罗斯加加林航天员培训中心高级研究员。从太空归来后，捷列什科娃被誉为"民族英雄""世纪女性"，获得联合国和平金奖、列宁勋章等，是世界上十几个城市的荣誉市民，月球背面的一座环形山也以她的名字命名。捷列什科娃感慨地说："我感到很幸福，因为我曾有幸成为人类最早开拓航天道路的一员。尽管历尽千辛万苦，但看到那么多人踏上我们开辟的道路，真让人欣慰。"

1995 年 9 月，捷列什科娃作为特邀嘉宾参加了在中国北京举行的第 4 届世界妇女大会。"神舟五号"飞船成功发射后，她又来中国参观了中国科技馆和中国航天员科研训练中心。她说，杨利伟的太空之行是中国在航天科技领域取得的伟大成就。谈到中国曾有计划选拔女航天员时，捷列什科娃眼睛亮了："我知道中国有'妇女能顶半边天'的说法。我充分

相信在不久的将来，太空将迎来美丽的中国姑娘！"

她建议：未来的中国女航天员"做好地面的训练至关重要"，"太空工作是在失重条件下进行的，十分复杂而紧张，随时可能出现许多不可预见的情况，因此必须做好充分准备……太空不会优待妇女，她们的工作条件与男性完全一样"。

2004年，捷列什科娃参观中国科技馆

第一位飞往太空的美国妇女

——赖德

1983 年 6 月 18 日，美国的"挑战者号"航天飞机像一匹脱缰的野马刺破蓝天，呼啸着直冲云霄。而此刻呆在航天飞机机舱里的正是赖德——第一位飞往太空的美国妇女。

从小就是运动健将

萨莉·赖德（Sally Ride），1951 年 5 月 26 日出生于美国加利福尼亚州的洛杉矶市。她从 10 岁起就开始练习打网球。随着年龄增长，她越来越痴迷这项运动，后来甚至想成为一名职业网球选手。当她在洛杉矶西湖中学上学时，就担任了该校的网球队队长。不久，她就成为国家级的业余网球选手。

萨莉·赖德

除了打网球，赖德还喜欢打垒球、踢足球，不过她最钟情的还是网球。21 岁时，赖德考入著名的斯坦福大学。偶然的一次机会，职业网球专家比利·琼·金观看了她的比赛。比赛结束后，金建议赖德离开斯坦福大学进行专业的网球训练，并有意培养她

— 105 —

为职业网球选手。经过 3 个月艰苦的职业训练后，赖德意识到自己不是这块料，随即忍痛割爱，继续学业。

从物理学博士到航天员

少女时代的赖德十分喜爱打网球

大学的课程赖德应付得轻松自如，她十分喜欢数学和自然科学。毕业后，她选择了继续深造——专攻物理学博士学位。众所周知，要获得斯坦福这样名校的博士学位是十分困难的，这通常要耗费 5 年的时间。这一时期也是一个人学生时代耗用精力最多、研究科目最为尖端的时期。博士研究生需要解决一些具体的难题，并且要亲自动手制订计划和做大量的实验。有时候，一次实验要花费几个月的时间，但仍然得不到满意的结果，甚至以失败告终。

经过数年的刻苦攻读，赖德终于手握物理、英语硕士学位和天体物理学博士学位走出了斯坦福的校门，不过却一时找不到"用武之地"。

不久机会之门就向她开启了。1972 年，美国修正了 1964 年颁布的"民权法案"，明确规定"政府招聘中不得有任何基于种族、肤色、宗教、性别或者民族不同而产生的歧视现象"。作为政府部门，美国航空航天局后来的招募活动因此受到巨大影响。

1977 年，正在寻求与天体物理学有关的博士后工作的赖德在斯坦福大学报纸上看到航空航天局征聘女航天员的公告，她立即报了名。在8000 多名候选人中，最后只有 35 人入选，其中包括 6 名女性，赖德凭借强健的体魄和深厚的专业知识最终入选。

太空之旅

加入美国航空航天局后，赖德接受了高强度、跨领域的航天员课程培训：跳伞、水中求生、重力和失重训练、无线电通信和导航，可谓"十八般武艺样样齐全"。首次进行飞行模拟训练，赖德就爱上了这个刺激又冒险的工作，而早日搭载真正的航天飞机升入太空的愿望也愈发强烈。

1983 年，赖德的梦想终于变为现实。她凭借出色的训练成绩和实践表现被航空航天局指派搭乘"挑战者号"航天飞机升空，执行代号为"STS-7"的太空任务。这次她的主要任务是与另一名航天员共同操纵一个 15.2 米长的机械手，把

赖德在进行飞行训练

一个特制的科学仪器箱从航天飞机的货舱中取出抛入太空，9 小时后再回收入舱。此外，她还负责在航天飞机发生紧急状况时向机长提出纠正措施。

同年 6 月 18 日，美国人怀着兴奋和紧张的复杂心情观看了这位美国首位女航天员、世界上第 3 名女航天员飞往太空。赖德不负众望，与同

事共用了 147 小时成功完成了太空任务返航。

原计划是在太空滞留 6 天后，"挑战者号"将作为从佛罗里达州的卡纳维拉尔角起飞，又降落到原处的第一架航天飞机顺利返航。之所以一步到位，是为了节省美国航空航天局的经费。可天公不作美，由于天气条件恶劣，"挑战者号"不得不在爱德华空军基地着陆。

在太空中工作的赖德

当航天员们返回肯尼迪航天中心时，赖德的名字一下子传遍美国乃至全世界。她的成功排除了一些专业人士对妇女参加太空计划的质疑，她也被公认为美国女性在社会上取得辉煌成就的代表。

1984 年 10 月 5 日，赖德又搭乘"挑战者号"进行了第二次太空飞行，主要任务是操纵遥控机械手臂系统施放一颗能测量太阳对地球气候影响的卫星。

1985 年 9 月，赖德准备参加自己的第三次太空飞行，但因航天飞机"挑战者号"发生事故，这次飞行被迫取消。她随后参加了这次事故的调查工作。调查工作结束后，她被调到航空航天局总部任局长特别助理。在此期间，她还主持编写了"美国在航天中的未来和领导作用"的研究报告。

美国航天员名人堂的第一位女性

1987 年，赖德离开美国航空航天局到自己的母校斯坦福大学执教。

两年以后，她又受邀前往加利福尼亚大学做物理学教授。1999 年，她担任了一家名为 Space. com 的网站的执行副总裁，不久因为工作出色又被提升为总裁。

后来她又成立了一个俱乐部，并建立了一个名为 Imaginary Lines 的网站，专门向中小学女孩提供在太空拍摄的地球照片，并供她们下载。当然这个网站最大的目的还是向女孩子普及科学知识，培养她们对科学的兴趣。

赖德和小朋友在一起

赖德做这一切也许都是因为自己强烈的社会责任感，她曾经对记者说："作为第一个上天的美国妇女，我感到很光荣，也确实感到自己责任的重大。我感觉到全国人民都在注视着我。我要尽一切努力把分配给我的工作做好。"

2003 年，萨莉·赖德和另外三名航天员在佛罗里达州的肯尼迪航天中心举行的室外仪式上，接受了列入美国航天员名人堂的荣誉。她也因此成为被收入美国航天员名人堂的第一位女性。作为第一位飞往太空的美国女性，她的成就与辉煌已永远载入美国航空航天局的史册。

美国航天史上第一位女指令长
——柯林斯

众所周知，美国航天飞机上驾驶舱左边的位置只属于航天飞机的指令长。多年来，占据这一位置的一直是清一色的男性。直到1999年7月，终于有一位女性坐在了这一具有绝对权威的宝座上，她就是美国航天史上第一位女指令长——柯林斯。

攒钱学开飞机

1956年11月19日，艾琳·柯林斯（Eileen Collins）生于纽约州小城艾米拉的一个普通家庭。她的父亲是邮局职员。从小柯林斯的数学成绩很好，父亲鼓励她将来做一名会计，但她家旁的一个小机场却改变了她的命运。那里是美国的"滑翔机中心"，拥有美国最大、历史最悠久的滑翔机博物馆。从懂事时开始，柯林斯就常常跑到滑翔机博物馆旁，花上几个小时，出神地凝望各式各样的滑翔机起飞降落。

艾琳·柯林斯

年幼的她告诉自己："总有一天，我也能飞得这样高、这样远。"

柯林斯家并不富裕，她的父母甚至买不起一张飞机票。不过，柯林斯的梦想并不局限于坐一趟飞机。她把自己全部的业余时间都用来看书——从滑翔机的历史，到一战、二战中出现的各种战斗机的介绍。

16岁那年，上高中的柯林斯开始在校外打工挣钱。到她19岁那年，终于攒够了1000美元。这个内向、腼腆的女中学生带着这笔"巨款"，来到离家最近的飞行学校。

少女时代的柯林斯

"我去报名飞机驾驶课程。我说我想学开飞机。"柯林斯这样回忆着当时的经历。当时，几乎还没有哪个飞机驾驶学校收过女学生。不过，飞行学校的老师、一个开过F-4战斗机的越战退伍军人收下了勇气可嘉的柯林斯。令所有人没有料到的是，柯林斯简直就是一个飞行天才，她只练习了8个小时就开始单独飞行。

天生就爱冒险

大学毕业后，柯林斯进入空军飞行学校。20世纪80年代初期，柯林斯一直在该校担任教练员，并兼任运输机的机长。她驾驶过30多种不同的飞机，累积飞行时间达到惊人的5000多小时。在此期间，她和丈夫相识相爱，并结婚。除了坚持不懈地进行飞行训练，柯林斯也从未放弃理论学习。她先后在斯坦福大学和韦伯斯特大学获得了运筹学和空间系统管理学的硕士学位，后来又成为空军实验飞行员。

柯林斯和飞行员詹姆斯·凯利

柯林斯的业余爱好也十分广泛，喜欢跑步、打高尔夫球、徒步旅行、露营、读书、摄影，等等。她说："我是个天生爱冒险的人，喜欢旅行、探险，曾经一个人骑着摩托车在俄克拉荷马州兜了个大圈子。"

也正是因为其天生爱冒险的性格、高超的飞行技艺和扎实的理论功底，柯林斯终于被美国航空航天局选为航天员，此时的她已经是一名空军上校了。一个从蓝领家庭走出来的女子能在世界航天飞行领域让众多男航天员都甘拜下风，这让不少人颇为惊讶。但正如柯林斯的同事和朋友所说，她非常清楚自己要做什么，也有能力实现自己的愿望。

有趣的是，即使拥有丰富的飞行经验，柯林斯却仍不愿和自己的孩子一起乘坐过山车，因为"那玩意儿让人害怕"。

38 岁第一次上太空

1990 年 1 月，柯林斯被选中进入美国航空航天局，成为一名航天员。1995 年 1 月 3 日至 11 日，38 岁的柯林斯执行了代号为 STS-63 的任务，驾驶"发现号"航天飞机进行了 8 天的太空飞行，实现了与俄罗斯"和平号"空间站的历史性对接，成为世界上第一位航天飞机女驾驶员。

之后，柯林斯又担任了 1997 年 5 月份升空的"亚特兰蒂斯号"航天飞机的飞行员，执行代号为 STS-84 的航天任务，在太空中一共停留了

168 个小时。经过两次的太空飞行，她已成为一名经验丰富的老手。

1998 年 3 月，柯林斯被召往白宫，当时的美国第一夫人希拉里·克林顿在白宫正式宣布任命她为美国航空航天局唯一的女性航天飞机指令长。

航天飞机STS-63全体机组人员

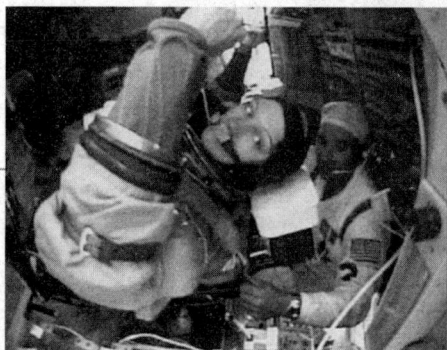

在此之前美国 38 年的航天史上，从未有一个女性能够成为航天飞机的领导者，担负起完成一次重大航天行动的重任。

柯林斯在进行模拟训练

2000 年 3 月，克林顿总统在白宫接见了柯林斯，她也因此成为美国航空航天局第一位被邀请到白宫受到总统接见的航天员。柯林斯还因为优异的表现多次受到空军、五角大楼和美国航空航天局的表彰，并入选"全美女性名人堂"。

"哥伦比亚号"航天飞机的指令长

1999 年，艾琳·柯林斯作为美国航天史上第一位女指令长指挥了"哥伦比亚号"航天飞机的飞行。同时还创造了另一项纪录——驾驶 30 种飞行器累计飞行 62800 小时之多。以柯林斯为指令长的"哥伦比亚号"

— 113 —

柯林斯在结束飞行训练后准备离开

航天飞机此次太空飞行的主要任务是放置一架价值15亿美元的命名为"钱德拉"的X射线太空望远镜。

为了纪念第一位航天飞机女指令长柯林斯进入太空,美国航空航天局刻意将"哥伦比亚号"定于7月20日,也就是美国"阿波罗11号"宇宙飞船登月30周年纪念日当天发射升空,同时还邀请了包括第一夫人希拉里等许多知名的女性人士前往肯尼迪航天中心观礼。也许是上苍有意考验这位女机长,发射过程可谓一波三折。刚开始是引擎出了故障,后来发射场上空又出现了雷雨天气,甚至还出现了龙卷风,发射被迫推迟到23号。

发射升空不久,主控电脑又出现故障,三台引擎中有两台突然熄火,整整八分钟,地面监控人员全都提心吊胆,但是之后安全漂浮在轨道上的柯林斯则轻描淡写地对记者说:"这种情况是家常便饭,没什么大不了的。"在柯林斯冷静沉着的指挥下,航天飞机安全进入地球轨道。

7月25日,柯林斯意外接到了俄罗斯"和平号"空间站上的指令长维克多的电话。他跟柯林斯打过招呼后说:"我打心底里对您表示祝贺。您是一位非常勇敢的女士。"生性幽默的维克多随即还开了句玩笑,"你

们那儿的天气还好吧?"此时,"哥伦比亚号"正处于澳大利亚上空的地球轨道上,早已不受地面天气的影响。"我们一会就要到你们那边了。告诉我们那边的天气情况,好早做准备。"维克多的这番话把大家都逗乐了。柯林斯则对"和平号"空间站上的航天员都表示了良好的祝愿。

"哥伦比亚号"在柯林斯的指挥下最终成功地将"钱德拉"射线天文望远镜送入了预定轨道,并于 1999 年 7 月 27 日安全着陆。

把"发现号"安全地带回家

2005 年 7 月 13 日,柯林斯作为资深航天员,又承担了一个具有历史性的重任——担任"发现号"航天飞机的机长,执行代号为 STS-114 的航天任务。柯林斯表示,美国航空航天局并没有故意挑选她这位女机长为航天飞机重返太空领航,"作为机长,我本来计划在 2003 年'哥伦比亚号'落地四周后指挥'发现号'起飞,可是因为意外事故,这次任务被推后了两年多。"

"发现号"航天飞机发射升空

"发现号"这一次的飞行之旅并不顺利。由于燃料传感器故障,发射日期被迫推迟 13 天,于 7 月 26 日发射。发射当天,隔热瓦掉了一片,人们又为它捏了把汗。在巨大的压力下,柯林斯表现出了超人的冷静。为

了让国际空间站航天员拍照以检查航天飞机腹部是否受损，她驾驶"发现号"在太空中来了一个"转体后空翻"。此前，还没有人表演过这种特技。真是"艺高人胆大"！

"发现号"平安回家

三度推迟着陆，"发现号"的回家之旅同样令人揪心。当控制中心最终确定降落时机后，地面指挥员问柯林斯："艾琳，你喜欢在加利福尼亚沙漠中感受美丽晴朗的夜晚和微风吗？"她果断地回答说："我们随时准备做任何需要做的事情。"最终，她以一个完美的降落结束了这次太空之旅。回到地面后，她这样描述自己的感受："我们飞越极光，流利的光线五彩缤纷。失重状态下的体验真是美妙。这是极大的成就，我很希望和所有人分享身处太空的感性一面。"

北京时间 2005 年 8 月 9 日 19 时 40 分，归航的"发现号"航天飞机进入大气层。此时，美国航空航天局地面控制中心播放了一支欢迎曲《来吧，艾琳》，这是一首美国上世纪 80 年代的流行歌曲。大家都知道，这是航空航天局在向"发现号"女机长艾琳·柯林斯致敬。正是由于她的出色表现，航空航天局才摆脱了"哥伦比亚号"失事的阴影，顺利完成了航天飞机重返太空的计划。

高龄母亲

柯林斯在人类航空史上书写了不平凡的一笔，作为一名女性，她在39岁高龄时才生下了自己的第一个孩子——女儿布里奇特。几年后，她又拥有了一个儿子。

"我在女儿的眼里，实在没有什么了不起的地方。她3岁的时候，曾经以为全世界的妈妈都是当航天员的。2002圣诞节时，布里奇特已经7岁了。我拿出'挑战者号'航天飞机及其机组人员的照片，告诉她'挑战者号'事故的来龙去脉。我说，这些人

柯林斯和女儿

虽然牺牲了，但是他们是国家的英雄；造成事故的原因已经查明，以后再也不会发生航天飞机事故；妈妈的工作也是在航天飞机上进行的，这项工作很安全，所以不需要为妈妈感到担心……5个礼拜之后，'哥伦比亚号'航天飞机在返回地球时发生了爆炸。我不得不将对于女儿的'说教'重新来过……"

好在柯林斯在事业和家庭中得到了丈夫帕特·杨斯的鼎力支持。这位商业航空公司飞行员曾经担任美国空军飞行员，与柯林斯同在空军服役时相识并结婚。

"妈妈，你对这次飞行感到焦虑吗？"2005年7月，柯林斯的儿子有些不安地问她，而柯林斯这次却充满信心地回答："不会的。'哥伦比亚号'失事的一幕绝对不会重演，这一次不会，将来也永远不会。"

退役后想当数学教师

柯林斯是个低调的人，她并不迷恋荣誉的光环。她已经 4 次飞上太空，达到了美国航空航天局的非正式极限。她曾暗示完成最后一次任务后会主动退役，去当数学教师，把机会让给从没去过太空的航天员，"他们中有些人已经等了 9 年了"。

正接受采访的柯林斯

柯林斯还是个备受媒体关注的人。人们说她"幽默又不失军人尊严"。《人物》杂志曾描写她将航天飞机上的排热风机当作电吹风来吹干头发，因为"担心外星人看到她乱蓬蓬的头发"；《Elle》杂志则透露她上高中时一度发胖，在刻苦锻炼后终于变得苗条。

柯林斯也是个爱家的人。她曾说自己最开心的事就是陪孩子们踢足球。在太空执行任务时，柯林斯都不忘每天给他们发去电子邮件。

第一位太空漫步的妇女——萨维茨卡娅

1984 年 7 月 25 日，萨维茨卡娅走出"礼炮 7 号"空间站，向地球问好。她也由此成为第一个在太空行走的妇女。

飞行皇后

斯韦特兰娜·萨维茨卡娅于 1948 年 8 月 4 日出生于莫斯科，她的父亲是一位颇富传奇色彩的苏联英雄。二战刚爆发不久，她还是苏联空军的一位名不见经传的小机长。在对敌空战中，她曾一人击落 22 架德国战机，而她本人只有三次被敌机击中。在一次空战中，她曾驾机冒险爬升，从敌机的后面突然开火，将敌机炸得粉身碎骨。在整个二战中，她共执行过 360 次战斗任务。

斯韦特兰娜·萨维茨卡娅

爸爸的飞行员生涯和母亲的良好教育，对萨维茨卡娅产生了深刻的影响。她从小就对火箭技术感兴趣，对太空第一人加加林十分崇拜。1963 年，刚满 15 岁的萨维茨卡娅就已经是莫斯科航空学院的一名学员了，她开始练习跳伞，想当一名飞行员。开

始时，她背着父母，偷偷参加航空俱乐部的飞行训练。后来爸爸知道了，不但没有禁止，反而鼓励女儿实现自己的理想。

在萨维茨卡娅 16 岁生日那天，她首次驾驶飞机单人飞行，向世人展示她非凡的才能。父亲亲自到机场观看女儿的表演，为自己的女儿感到由衷的骄傲和自豪。当女儿结束表演后，父亲抑制不住内心的激动，兴奋地闯进附近一家小店，特意要了一份庆功场合飞行员的专用食品，大嚼起来。

也许是遗传了飞行员父亲的优良基因，萨维茨卡娅表现在飞行上的天赋令人惊叹，她在年仅 17 岁时就已完成了 500 次跳伞，并创下 3 项世界跳伞纪录。大学二年级时，她就可以驾驶雅克-18 型飞机飞行。1970 年，她作为苏联国家特技飞行表演队的成员参加了世界特技飞行锦标赛，并夺得世界妇女特技飞行冠军，被英国新闻媒体誉为"飞行皇后"。

入选航天员队伍

大学毕业后，萨维茨卡娅成为一名航空教员，虽然飞行技艺已经炉火纯青，但是她并不满足于此。她积极训练，并刻苦学习飞行理论知识，不久就考入了试飞员学校。开始时是作为实习学员在一边旁听，八个月后转为正式学员。在苏联，能考入这所试飞员学校是不少飞行员梦寐以求的理想，而妇女能进入该校更是史无前例。

身穿宇航服的萨维茨卡娅

萨维茨卡娅克服种种困难，学习驾驶喷气式飞机技术，不断创造歼击机飞行的高度和速度的纪录。1976 年，萨维茨卡娅从试飞员学校毕业，如愿以偿地成为赫赫有名的雅科夫列夫飞机设计局的一名试飞员。到 1980 年为止，萨维茨卡娅已掌握 20 多种型号飞机的驾驶技术，飞行时间累计达到 1500 小时，创 18 项飞行纪录。而且难能可贵的是，她还被训练成为一名飞行机械工程师，精通飞机的维护和保养。

1980 年，当苏联国家宇航局挑选女航天员时，雅科夫列夫飞机设计局一致推荐了她，萨维茨卡娅终于实现了当航天员的梦想。

第一次太空之旅

1980 年 7 月 30 日，萨维茨卡娅被正式选为苏联第 53 名航天员。就在这一年，苏联还同时挑选了 9 名女性，这就是当局挑选的第二批女航天员。在航天局的训练中心，萨维茨卡娅进步很快，当局不久就为她的首次太空之旅拟订出了飞行计划。

"联盟号"飞船

1982 年 8 月 19 日，萨维茨卡娅与其他两名男航天员一起乘坐"联盟 T-7 号"宇宙飞船飞往广袤的太空，开始了第一次太空飞行，也因此成为继捷列什科娃后世界上第二位女航天员。

当飞船与在轨道上运行的"礼炮 7 号"空间站对接后，三人一起进

入了"礼炮7号"空间站舱。他们受到了常驻空间站的苏联航天员柳明和波波夫的热烈欢迎。萨维茨卡娅与其他四人汇合后一起进行了多项科学实验。她主要负责医学生物学实验，并在空间站中帮助其他人收获了在太空种植的阿拉伯草籽。在进行实验期间，萨维茨卡娅的动脉受压时，脉搏正常，她对失重的适应性也很强，因此证明了在太空中男女对宇航因素的反应没有本质上的差别。

在空间站停留7天20小时后，萨维茨卡娅一行乘"联盟T-5号"宇宙飞船安全返回地面。在这次飞行中，萨维茨卡娅再次表现出自己良好的职业素养，勇敢果断，头脑清醒，而且相比男航天员，她的耐受性也更好，能够承担单调乏味的工作。这次飞行为女性航天飞行起到了有力的推动作用，也为萨维茨卡娅下一次的太空漫步打下了良好的基础。

太空行走的女英雄

"礼炮7号"空间站

由于第一次太空之旅的优异表现，萨维茨卡娅很快就迎来了自己的第二次太空之旅，而她的此次太空飞行意义重大。

1984年7月17日，萨维茨卡娅与两名男航天员乘坐"联盟T-12号"宇宙飞船再次飞向太空。她此行的目的是到"礼炮7号"空间站舱外进行试验性焊接操作。

1984年7月25日，萨维茨卡娅走出"礼炮7号"空间站，向地球问好。她在前，指挥员扎尼别科夫在后，由通道舱进入太空，带着万能手动工具来到轨道站外的平台。萨维茨卡娅站在一个踏板上，将双脚固定在上面，切割一块固定在样品板上的金属样品，然后把两块金属板焊在一起。扎尼别科夫用摄影机拍下这一切，并向地面传送。萨维茨卡娅动作娴熟，准确无误，还不时向地面报告进程。最后，她宣布："我已对第一块模板进行金属喷漆，样子很好看。"

萨维茨卡娅在空间站外进行操作实验，有些看似简单的操作，要在失重状态下完成并不是一件容易的事。如：她用锤子钉钉子时，钉子的反作用力会将她弹开；用力拧紧螺丝帽时，螺丝帽的反作用力会推着她往相反的方向拧。试验进行了三小时，最终，萨维茨卡娅准确无误地完成了操作，返回空间站。

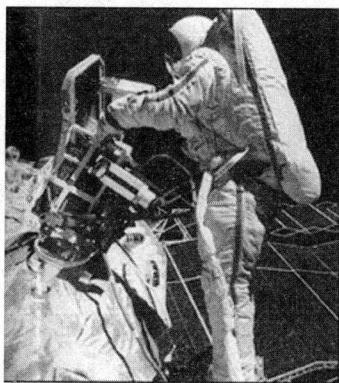

萨维茨卡娅在舱外执行任务

这是地球上的女性首次在太空漫步并完成修理操作实验。此时距离列昂诺夫的首次太空行走，已过去整整19年。

萨维茨卡娅返回地球之后，被人们誉为"太空行走的女英雄"。但她对此很淡然："从现在起100年后，将没有人记住这件事情；如果有谁记住了，那么对于曾经有人问'妇女是否应该进入太空'这样的问题，他会感到是多么不可思议。"

一年多后，萨维茨卡娅喜得贵子。这证明，太空行走对于妇女生育

并无根本性影响。

1989 年，萨维茨卡娅当选为议员，从 1993 年开始，她离开俄罗斯航天员队伍，结束了自己的航天生涯。

为中国骄傲

"我向伟大的中国人民表示祝贺！向正在太空飞行的中国第一位航天员表示热烈的祝贺！"这是 2003 年 10 月 15 日上午 8 点 30 分（北京时间中午 12 点 30 分）萨维茨卡娅在自己的寓所接受记者采访时说的第一句话。

当时，"神舟五号"飞船发射成功刚刚过去 3 个半小时，中国人民正沉醉在无比喜悦之中。而来自世界第一位太空行走的女航天员发自内心的祝福更加意味深长。

萨维茨卡娅高兴地对记者说："今天清晨，我通过电视新闻节目得知了中国'神舟五号'飞船发射成功的消息。按 1.5 小时绕地球一圈的时间推算，现在正是中国航天员太空飞行的第三圈。虽然'神舟五号'飞船的成功发射还只是这一伟大事件的第一步，但现在就可以说，中国已经成了世界第三个载人航天的大国。现在世界上有许多国家都在从事航天事业，有的国家也已拥有可发射载人航天器的火箭，但真正的航天大国还必须是有载人飞船成功发射、成功飞行和成功回收的国家。我和全体中国人民一道，衷心祝福'神舟五号'飞船能安全返回地面。"

萨维茨卡娅称赞中国领导人决定发展载人航天事业是"一个非常勇敢、非常英明的政治决定"。她说，"作为俄罗斯人，我更替中国人民高兴。因为中国是俄罗斯最大的邻居和战略协作伙伴，俄罗斯也是中国的

好邻居、好伙伴和好朋友，我真诚希望俄中两国宇航业人士今后能密切合作。中国领导人决定大力发展航天事业，这是很英明的。加大对航天业的投入，今后一定会有丰厚的回报。"

萨维茨卡娅还对记者表达了自己对中国女性的良好祝愿："我一直不认为航天员只是男人的专利，我真心希望中国的第一位女航天员能够上天，我相信这一天很快就会到来！"

太空美景

创造生理奇迹的女航天员
——露西德

1996 年 3 月 22 日，露西德乘坐"亚特兰蒂斯号"航天飞机飞往太空，三天后航天飞机成功与俄罗斯的"和平号"空间站对接。她在那里工作生活了 188 天，在当时创下了女子太空持续飞行的时间纪录，并将这一记录保持了长达十年之久。

在太空寻找上海的轮廓

香农·露西德

1943 年 1 月 14 日，一对美国传教士夫妇在上海生下了他们的女儿，取名香农。这个金发碧眼的小女孩不喜欢自己与众不同，希望能和周围的小孩子一样，长着黑头发、黑眼睛。

在香农只有几个月大时，她与父母、叔叔阿姨和祖父母一道，遭到日军关押。直到 1944 年，香农一家才被释放。随后，他们乘坐世界上第一艘横跨大西洋的内燃机船——瑞典的"格里普斯科尔摩号"返回美国。

二战结束后，香农一家重返中国，在南京又住了几年，香农还在南

京读了幼儿园。可惜在这几年里，一家人没能去上海故地重游。

5岁那年，小香农乘坐飞机前往中国一个山区探望父亲。当他们乘坐的DC-3飞机着陆后，小香农兴奋地涨红了脸，她告诉自己：飞机真是一种十分厉害的交通工具，等自己长大了，一定要去学开飞机。

20年后，香农在美国长大成人，读了大学，拿到了生物化学博士学位与一张飞行执照。1978年，她与另外五位女性一起，成为美国航空航天局招收的第一批女性航天员。1985年，香农终于登上了比飞机还要"厉害"的交通工具———航天飞机。

与所有上过天的航天员一样，香农每次执行飞行任务，都会从太空观赏地球美景。她说，自己在太空中看到过广阔的戈壁沙漠、奔腾的长江和中国一些沿海城市，不过没有看到过长城。

作为美国航空航天局唯一一名出生在中国的航天员，香农从太空看中国，还带有一份特殊的感情。她说，

香农·露西德一家，左一为香农

自己每次"路过"上海，总是会隔着将近400千米的太空，寻找"故乡"的身影。"可惜，上海上空云层很厚，我没有哪次能看得真切"。

在"和平号"上的生活

在为美国航空航天局执行了四次飞行任务后，1996年，香农在俄罗斯接受了一年时间的培训，之后乘坐"亚特兰蒂斯号"航天飞机登上了

"和平号"空间站，并且在那里逗留了整整 6 个月时间，成为当时世界上在太空逗留时间最长的女性航天员。

吃饭是最美妙的事情

"亚特兰蒂斯号"与"和平号"空间站对接

"和平号"由一个基座和一个球形对接平台组成。对接平台就像一套房子的门厅走廊，而平台上的 6 个对接口则相当于通向不同房间的门。当时停靠在对接口上的有 1982 年发射的量子-1 号功能舱、1986 年发射的量子-2 号功能舱、1990 年发射的"晶体号"飞船和 1995 年发射的"光谱号"飞船。

在香农抵达不久，俄罗斯又发射了"自然号"飞船，这是专门为她准备的实验舱。白天，香农在"自然号"内做实验，晚上返回"光谱号"就寝。

位于俄罗斯首都莫斯科西北郊的科罗列夫航天控制中心为香农和其他航天员制订了详细的日程表。因此，"和平号"上实行的是莫斯科时间，机组人员之间也完全用俄语交流。

香农每天早晨 8 时起床，20 分钟内穿好衣服，洗漱完毕。对香农来说，与地面通话就像课间休息一样，令她感到轻松愉快。

起床后，香农的第一个任务就是与两位俄罗斯同事共进早餐。对于她来说，一起吃饭可以说是"和平号"上最美妙的一件事。原先，她曾

担心太空中千篇一律的食物会让她没有胃口。但事实上，每顿饭她都吃得津津有味。她和俄罗斯同事一道把"和平号"上储存的脱水食物用热水重新泡开，然后与两位俄罗斯同事互相给对方调制各自国家的特色菜，还经常尝试着把不同品种的食物混合在一起，做出新的口味。

香农最喜欢的早餐是一袋俄式蔬菜汤加一袋果汁，最对她胃口的午饭是俄式土豆加肉泥，而她的俄罗斯同事最钟爱的伙食则是把所有的东西都涂抹上美式蛋黄酱，然后混在一起吃。

简单的实验不简单

早餐结束后，一天的紧张工作就开始了。香农的工作是为美国航空航天局做各项实验。

香农负责 28 项实验，目的只有一个：观察微重力状态下的实验及结果与地面重力环境下的实验及结果有何不同。

第一项实验是观察日本鹌鹑蛋在微重力状态下的孵化情况。香农要把与她同机抵达

香农在太空舱内紧张工作

"和平号"的 30 只鹌鹑蛋放入一个孵化器，16 天后每天拿出一只鹌鹑蛋放入多聚甲醛溶液，以阻止其继续孵化。这些被固定在不同孵化阶段的鹌鹑蛋随后搭乘货舱返回地面，接受进一步研究。

听起来这也许是个容易做的实验。但实际上，微重力状态下把鹌鹑蛋放入溶液是件相当复杂的工作。一旦实验过程中有一滴多聚甲醛溶液

泄漏，那它就有可能飘浮到航天员的眼睛里，造成严重烧伤。为防止意外，溶液存放在 3 层外壳包裹的容器内，整个容器又放在一个特制密封袋中。香农必须通过袋子上向内凹进的手套形状，完全凭手上的感觉把每个鹌鹑蛋准确放入容器内。

工作中的香农

而香农做的时间最长的实验是在"晶体号"的温室内种小麦，观察小麦的生长和成熟情况。由于小麦可以为长期太空飞行提供氧气和食物，因此实验的意义非常重大。

香农把小麦种在硅酸盐土壤中，湿度、温度和光照都由电脑系统控制。按照计划，她与两名俄罗斯同事定期给小麦拍照，在不同阶段"收割"部分小麦，并把小麦存放在抑制生长的固定剂中。大约 40 天后，终于出现了麦穗，香农和同事们高兴得大喊大叫。

"和平号"上的实验，使香农意识到载人空间站的意义。实验过程中，她可以根据情况调整实验环境和内容；设备出现故障时，与俄罗斯同事及时修理；更重要的是，她可以亲身观察实验进程，记录一些摄像镜头无法捕捉到的细微变化。正是由于载人空间站充分发挥了人的主观能动性，她负责的 28 项实验中，有 27 项获得了成功，只有一项因为器材无法修复而不得不中止。

痛苦的健身

除工作之外，航天员们每天还得坚持锻炼，防止肌肉在失重状态下萎缩。"和平号"上的健身器材包括基座内的两台跑步机和"晶体号"上的一辆自行车测力器。俄罗斯生理学家为大家制订了3套分别长达45分钟的健身方案，她们每天做一套，如此周而复始。

香农说，健身是她在"和平号"上最痛苦的体验。首先，为了重新获得重力感，她必须把一套像马具一样的设备套在身上，然后连接跑步机上的橡皮带，利用橡皮带的拉力使自己稳稳地"站"在跑步机

香农在飞船内健身

上。其次，由于跑步机噪声巨大，跑步时无法与同事对话，跑步也变得异常单调。为此，她只好戴着随身听。6个月时间里，她把空间站上的所有磁带听了好几遍。

难忘的聊天

语言的隔阂、性别的不同，以及文化背景的巨大差别都没有成为香农和俄罗斯同事共事的障碍。两名俄罗斯航天员从来没有因为香农是美国人而对她有所排斥，只要情况允许，她们3人就聚在一起喝茶，吃饼干，谈天说地，探讨工作。工作出现差错时，他们也从来不互相埋怨。

长达6个月的太空生活有许多片断都使香农铭记终生，但最令她难

— 131 —

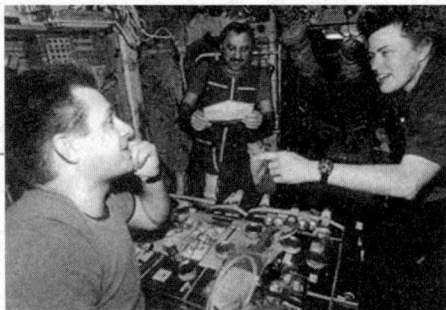

露西德教两位俄罗斯同事学英语

忘的，还是与俄罗斯同事的一次聊天。一天傍晚，她们聊起了童年。香农告诉他们，她小时候上学时经常遇到空袭演习，每次都以最快的速度钻到课桌下面。从小，她都生活在苏联发动核战争的恐惧之中。令她感到意外的是，俄罗斯同事们也有相同的感受，他俩幼年时也担心美国的轰炸机会把他们生活的村庄夷为平地。

说完这段经历，她们相视而笑。想想看，两个国家以前是势不两立的死对头，而现在，一名美国人和两名俄罗斯人不仅和谐地生活、工作在一起，而且度过了人生最美好的一段时光。

重返故乡

在"和平号"空间站上进行创纪录的飞行之后，香农受到当时的美国总统克林顿的接见。2002年，她当上了美国航空航天局的首席科学家，一直在休斯敦的约翰逊航天中心工作。

香农受到克林顿总统的接见

2006年9月，作为由美国航空航天局局长迈克尔·格里芬带队的访华代表团的成员，香农·露西德在阔别中国半个世纪之后，终于回到了

自己的出生地上海。63 岁的露西德告诉记者，几十年来，她曾经一次又一次地在太空中凝望地球、寻找上海的轮廓；而今天，她终于可以再次亲手触摸它的土地。

香农说："一听说格里芬局长要带我一道访问中国，我真是太激动了！这是我小时候离开上海后，第一次返回自己的出生地。"

不过，离开的时间太长，香农对上海的记忆已经模糊："我保存了父母大量照片。所以在我脑海里，上海就是一张张发黄老照片里的样子。"好像时空旅行一样，只记得二战时期的上海，只看过 400 千米太空外的上海，香农终于在半个世纪后，回到了上海，"今天的上海太让人吃惊了！与 50 年前是如此不同。我会再回来的，带着我的家人，让他们看看我这个老祖母出生的地方。"

太空行走女王——惠特森

2007 年 12 月 18 日，作为国际空间站的第一位女性指挥官，惠特林以 32 小时 36 分钟的记录成为太空行走累计时间最长的女航天员，是当之无愧的"太空行走女王"。

空间站的第一位女指挥官

1960 年 2 月 9 日，佩吉·惠特森（Peggy Whitson）出生于美国爱荷华州的比肯斯菲尔德。她曾经是一名生物化学研究人员，已婚无子女，1996 年入选美国航空航天局，成为一名航天员。美国航空航天局有 73 名男航天员，女航天员只有 18 名，惠特森就是其中之一。

惠特森是国际空间站第 16 批长期考察组成员，她于 2006 年 10 月和俄罗斯航天

佩吉·惠特森

员尤里·马连琴科及马来西亚首位航天员谢赫·穆扎法尔一起搭乘俄罗斯"联盟 TMA-11 号"载人飞船飞上太空，来到国际空间站。惠特森担任指令长，同时也是空间站的第一位女性指挥官。2002 年，她曾在国际空间站工作过一段时间。

"发现真相"之旅

2007年12月18日美国东部时间11时46分，惠特森与飞行工程师丹尼尔·塔尼一起完成了空间站的第100次太空行走，他们当日的太空行走耗时6小时56分钟。美国航空航天局的地面控制人员把这次行走称为"发现真相"之旅，因为他们此次执行的主要任务是检查空间站右侧太阳能电池板的"太阳阿尔法旋转接头"和"贝塔万向架组件"。这两个设备的作用是让电池板能保持一直朝向太阳的方向，不过它们先后发生了不同程度的故障：前者有金属磨损现象，后者出现短路问题。两个设备被暂停运转，但空间站运行及电力供应并未受影响。地面专家将根据这次太空行走的检查情况，判断两个故障的问题所在。

这是惠特森的第5次太空行走。这一次她创造了历史，因为这是空间站航天员实施的第100次太空行走。本次太空行走完成后，她还刷新了此前由美国女航天员

惠特森在空间行走

苏尼特·威廉斯创造的女航天员累计太空行走时间纪录。结束这次太空行走以后，惠特森的累计太空行走时间达到了32小时36分钟。

勇敢者的幽默

这次历史性太空行走还因为航天员与地面控制人员间的谐趣对话，多了几分轻松。

惠特森在太空舱内工作

一名地面人员请联系人员问女指令长惠特森，太空行走是否比做饭和缝衣更有趣。惠特森回答说："请转告他，我回去后会负责照顾他。不过，照顾方式可能不会让他好受。"

虽然气氛轻松，但惠特森和地面人员深知，每次太空行走实际上都是一次历险。在太空行走的航天员由于无参照物，无法分清物体远近大小和移动速度快慢。如果一次疏忽导致航天员脱离空间站，航天员就可能会迷失在茫茫太空，成为人体卫星。

两位女性指挥官会师太空

2007年10月25日北京时间20点40分，"发现号"航天飞机同国际空间站成功对接，在航天飞机和空间站对接时舱门打开的那一刻，惠特森还创造了另一个历史。在距地球322千米的高空，惠特森与"发现号"女机长帕梅拉·梅尔罗伊来了一次历史性的握手，这标志着太空飞行史上首次有两名女指挥官带领机组人员同时在轨从事科研活动。这也被称为航天飞行史上首次由女性"掌权"。

对接前，"发现号"在女指令长梅尔罗伊的操纵下，在接近国际空间站下方近 200 米时，做了一个 360 度"后空翻"，使机身腹部朝向空间站。航天员这时为机腹拍照，以确定飞机在发射升空过程中未受损。随后，梅尔罗伊驾驶航天飞机与国际空间站对接。

惠特森与梅尔罗伊的握手创造了历史

梅尔罗伊和惠特森都为能与对方在太空相遇感到荣幸。"对我来说，这是此次飞行任务的最重要意义之一。"梅尔罗伊说。

"这对我们来说真的是一次特殊的事，"惠特森说，"有许多女性都参与了国际空间站建设……航天飞行历史上发生过很多事情，这是我们的机遇。"

梅尔罗伊和惠特森在国际空间站上共同度过了约 10 天的时间，在此期间，她们带领包括一名女性在内的另外 8 名航天员完成了艰巨的工作。

同事的支持

惠特森在太空外执行任务

对于惠特森的领导，她的男同事们都表示支持。惠特森升入太空前，一名同事送给她一条传统的哈萨克斯坦鞭子。在哈斯克斯坦，鞭子是权力的象征。

惠特森说，她喜欢这份礼物，"我认为这挺有趣，同事们说通常哈萨克斯坦人并不让女人持有鞭子"。

跟随梅尔罗伊一起搭乘"发现号"载人飞船升入太空的航天员丹尼尔·塔尼和妻子养育有两个女儿，他幽默地表达了对惠特森和梅尔罗伊的敬意："有意思的是，我的生活最近由女性主宰着，我工作中有两个女老板，家里有3个女老板。"

虾带来的麻烦

截至2008年底，惠特森已经在太空度过了漫长的300多天。她对自己的太空生活感到愉快而满意，如果真的要问有什么麻烦的话，也许是她带了太多的虾到太空来。

这位国际空间站的女科学家说："也许人到了太空里，口味就会发生变化。虾是我在地面上最喜欢吃的食物之一，但到了这儿，我却再也受不了了。"

从空间站的物品清单中可以看出，惠特森为她的太空之行一共准备了 40 顿"虾餐"。在空间站的还有惠特森的同伴，俄罗斯航天员瓦莱里·科尔尊和谢尔盖。她说："他们都很爱吃，所以我带来的虾都用来犒劳他们了。"

太空的食物总是平淡无味，还好有辣味番茄酱来帮忙。惠特森说："如果蘸上辣味番茄酱，我们甚至可以把纸也吞下去。"

惠特森在太空舱内健身

可足茧问题就没那么容易克服了。由于失重，航天员在太空不能进行真正意义上的站立，只能靠在脚部固定装置里移动脚来四处"游走"。

惠特森说："在这里呆上几个月，脚底的老茧都不见了，它们全部都长到了脚背上，这对我来说实在是有趣之极。"

再创历史

2008 年 4 月 16 日，身在国际空间站的惠特森又创造了一项新的航天纪录，成为美国历史上在太空停留时间最长的航天员。当天她在太空停留的累积时间达到 374 天，由此成为美国在太空停留时间最长的航天员。

2008 年 4 月 19 日，惠特森与俄罗斯籍飞行工程师尤里·马连琴科和韩国首位航天员李素妍一同返回地面。这次，她把自己在太空飞行的时

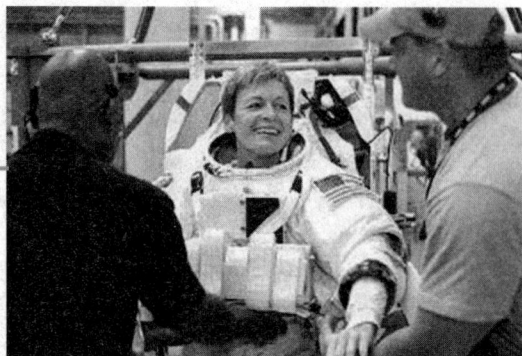

惠特森平安返回

间增至 377 天，这是她执行两次太空飞行任务所取得的成绩。

惠特森此次打破了美国航天员迈克尔·弗勒之前保持的 373 天 18 小时 18 分钟的太空飞行纪录。这一纪录是他通过六次太空任务完成的，其中，他在 2003 年至 2004 年曾作为国际空间站第 8 长期考察组指令长飞赴太空。作为国际空间站第 16 长期考察组的指令长，惠特森已经在太空中飞行了 192 天，而上一次即 2002 年，她曾作为第 5 长期考察组飞行工程师在国际空间站上停留了 185 天。

另外，惠特森还保持着女航天员太空行走时间最长的世界纪录，同时也是世界上太空行走经验最为丰富的航天员，截至 2008 年底，她已完成了 20 次太空行走。

华裔太空第一人——王赣骏

1985 年 4 月 29 日，王赣骏乘坐航天飞机"挑战者号"飞向神秘而又绚丽多彩的太空，由此成为第一位进入太空的华人。

少年时代

王赣骏（Tailer Wang），1940 年 6 月 16 日出生于江西省南昌市，故在名字中取一"赣"字，寓意于此。其属相为龙，乳名即取谐音"隆隆"。幼年在上海正志小学就读。1950 年随父母去台湾。

到台湾后，王赣骏就读于高雄一所子弟学校。这所学校条件比较好，学生大多是从大陆来的在招商局、海关等任职的官员的子弟。小学毕业时，王赣骏成绩是学

王赣骏

校的第 5 名，他得到了一支钢笔的奖励。他正在高兴时，同学家长议论，一个说："过去发毕业奖发到前 3 名，这次怎么发到前 5 名呢？"另一个说："这个第 5 名的爸爸是校董，所以才发到第 5 名。"听到这话，王赣骏的心像被针扎似的，自尊受到极大伤害。他感到这个奖品不光彩，是沾父亲的光。他跑出门外，把钢笔摔碎了。

王赣骏小时候爱看武侠小说，特别佩服那些会"轻功"的人，还和小伙伴们到山上练功，幻想有一天自己也能"身轻如燕、飞檐走壁"，只要一抬腿，就能跃上高空。在台北师范学院附中学习时，他对数理科目十分感兴趣，成绩拔尖。

学生时代的王赣骏并不是一个死读书的学生，老爱提问题，课外活动也很积极。他曾是学校仪仗队的灵魂人物，也曾与班友组织篮球队，担任前锋。

从科学家到航天员

1963 年，王赣骏从台湾赴美国留学。1967 年，他从加利福尼亚大学洛杉矶分校物理系毕业，翌年获硕士学位。后在该校研究院深造，攻读固态物理、流体力学和声学。1971 年，获博士学位后在母校任助理教授一年；1972 年，任加利福尼亚理工学院喷气推动实验室主任兼加利福尼亚大学客座教授。

1976 年，美国国家航空航天局征求太空科学实验计划，他提出的"旋转中的液体平衡状态"研究计划在 1980 年获得通过，成为 500 多个应征的实验方案中的 14 个入选者之一。

1982 年，有关当局改变了以前的做法，决定由提出科学实验项目的科学家亲自到太空进行相关的实验。美国航空航天局选择了几百名科学家参加宇航训练，王赣骏也在其中。他以顽强的精神通过了种种艰难的学习、训练和考试，仅失重训练就进行了 6000 多次，终于成为一名合格的航天员，获得了亲自到太空中进行科学实验的资格。

当谈到事业成功的体会时，王赣骏说："海外有些人总看不起我们这

个民族，我从小就不服气。正是这种压力，逼着我去力争干一番事业，给他们看看。比如登太空，在美国有专门的航天员，一个科学家要把自己的科研项目带上太空，要么交给专业航天员去做，要么自己艰苦训练，亲自上去做实验。正是争气的决心，使我选择了后者。"

第一次升空

1985 年 4 月 29 日，美国航天飞机"挑战者号"离开了地面，进行第 17 次飞行。王赣骏进入了神秘而又绚丽多彩的太空，由此成了第一位进入太空的中国人，也是第一位到太空操作自己设计的实验仪器、从事自己研究项目的科学家。

然而，当"挑战者号"进入离地球表面 300 千米的预定轨道时，液滴动力测定仪的电子系统却突然出了故障。

飞往太空的"挑战者号"

"要是这样回去的话，无颜见江东父老。"王赣骏心想。他跟地面控制中心联络，要求准许维修仪器。地面控制中心拒绝了这一请求，理由是没有工具，机器又太复杂，没有时间，要放弃这个实验。

王赣骏说："那时我觉得，我绝对不能放弃这个实验，因为机会难

王赣骏在太空行走

得，空手回去，将来人们讲起来，不会说王赣骏的实验没成功，而会说中国人没有真东西，我绝不能让自己给中国人丢脸。我又向地面控制中心要求一定给个机会把仪器修理好，继续我的实验。地面控制中心还是不同意，说你没有时间，还有别的任务。我急了，于是跟地面控制中心说：'假如你们不给我修理的时间，我就不回去了'。他们吓了一跳，还没有人说过不回来

的。他们找了一位心理学家跟我交谈。谈完以后，心理学家跟太空地面控制中心说：'王赣骏是个非常热心的科学家，他对他的实验非常愿意做出牺牲，应该给他一个机会。'再加上我的同事都说，让王赣骏有个机会把仪器修理好，我们帮助他去干他应该干的事情。最后，地面控制中心可能不愿意看到我会做出什么傻事，就同意给时间让我修理仪器。我那时心里感到很庆幸。因为我知道，如果他们不让我修，我会坚决不回来。男子汉大丈夫，一言既出，驷马难追。但是，我当时确实不知道怎么不回来。在太空自杀没有先例，也没有办法。在那里用刀子吧，刀子不锐；想触电，要去发电；用煤气，没有煤气；上吊的话，飘在那里，也死不了。通过争取，他们让我修了。"

在失重的状态下，维修仪器更加困难。如果把仪器零件拆开来，就会一件件飘走，唯一的办法是钻到仪器里面去修。足足两天半时间，同事们只看到王赣骏露在仪器外面倒悬着的两条腿。故障最终找到，原来是一根细小的电线短路了。将电线修好后，他逐一打开了开关，庞然大

— 144 —

物终于恢复正常。王赣骏当时忍不住大喊一声："修好了!"同伴打趣说："你的叫声不必用无线电，地球也听得到。"

王赣骏在"挑战者号"航天飞机所进行的一系列实验，证实了液滴动力学的一些理论问题，发现并揭示了在无重力容器环境中液滴的一些物理现象和活动规律。王赣骏这些成功的实验和发现，对整个流体力学的研究，发展太空冶炼、化学工业和无容器材料加工技术，制造高纯度的物质等都具有潜在的实用价值。

生活中的王赣骏

美国国家航空航天局高度评价王赣骏的太空实验，特别赞扬他在排除仪器故障时所表现出来的聪明才智和坚强毅力，授予他"太空飞行奖"。王赣骏太空之行的成功，在美国引起了轰动。美国主要的传媒和几乎所有华文报刊，都在显著的位置作了连续报道。洛杉矶市长设宴款待他，航天中心为他连续举行演讲会，鲜花、荣誉，一齐向他涌来!

始终心系祖国

王赣骏虽旅居美国多年，加入了美国国籍，但他始终心系祖国。当谈起太空飞行时，他说："这是一次富有感情的旅行，我以我的中国血统为荣，我为中国人争了一口气。"

他把中国的国旗、录有中国歌曲的录音带和中国名茶带上了航天飞机，还在自己宇航服上缝了一个古代太极图的臂章。航天飞机每天飞越中国4次，早在任务开始之前，他就根据航空航天局的飞行预定表，写

下所有飞越中国的时间、轨道。

当航天飞机飞越中国上空时，他曾在舱内用环带扎腰，在无重力状态下原地慢跑。他边跑边在内心深情地呼喊："故乡，我来了。"航天飞机从广西上空入境从东北上空出境，历时 7 分钟。尽管只有 7 分钟，却已经让王赣骏这个游子感到安慰。因为自 1950 年离开中国大陆后，35 年来关山远隔，而如今他已静悄悄地飞过大江南北，横越了祖国大陆，圆了多年的思乡之梦。

王赣骏始终心系祖国

他还在太空俯瞰故国，在航天飞机上拍摄了中华大地不少珍贵的照片，看到长江、海南岛、喜马拉雅山都引起他无比的激动。

1987 年 7 月，王赣骏偕夫人冯雪平女士回大陆探亲访友，去苏州祭扫了外祖母的墓地，访问了他 30 多年前就读的上海正志小学（现为常熟路小学）。离开大陆时，他还带上了盐城故乡的一包泥土，在途经台湾的时候，赠送给了台湾盐城同乡会。

王赣骏是第一个进入太空的华人。这不仅是他个人的骄傲，也是全中华民族的骄傲。继王赣骏博士之后，1986 年，美籍华裔航天员张福林博士成为第二个遨游太空的华人。而后，焦立中、卢杰等华裔宇航科学家也相继飞上了太空。

王赣骏对中国在航天事业上取得的成就感到由衷的高兴。他说，载

人航天反映了中国的整体实力。"中国不仅拥有科技能力，而且经济有了根底，这件事情才得以完成"。他希望今后能有更多中国人有机会到天上去走走，随着"神舟五号、六号、七号"飞行的圆满成功，"以后大家的机会将越来越多，普通人也会有机会"。

太空美景

首位华裔职业航天员——张福林

1981 年，张福林从 4000 多名应征者中脱颖而出，成为美国航空航天局第一位华裔职业航天员。此后，他 7 次进入太空，出色地完成了各种任务。截至 2002 年底，他呆在太空中的时间已经超过 1600 小时，成为进入太空次数最多的华裔航天员。

从小痴迷太空

1950 年 4 月 5 日，张福林出生在哥斯达黎加的首都圣约瑟市。他的祖籍是广东中山市宝安县，祖父张文廷本为陈姓，于 1905 年移居哥斯达黎加时更改了姓氏。父亲张瑞孟是哥籍华裔石油商。

张福林从小便痴迷于航空事业，喜欢玩宇航游戏、制作宇航玩具、读科幻小说。他曾用纸板箱改装成"太空飞船"，把表兄妹们哄进纸箱里，充当他想象中遨游宇宙的成员。

张福林

张福林 8 岁那年，也就是 1957 年，第一颗人造卫星的发射改变了他

的一生。母亲告诉张福林，天空中多了一颗新的星星，它是人类制造的，终有一天，人类将能建造太空飞船，坐在里面探索天上的秘密。年幼的张福林从此决心成为一名太空探索者。

他开始用收音机收听有关首次载人太空飞行的消息。当哥斯达黎加首都圣约瑟举办美国核能成就展时，每天下午他都要冲到布展的圣约瑟国际机场，流连忘返。

上中学时，他被美国航空航天局出的一本名为《你想成为一名火箭科学家吗》的小册子打动，马上去信咨询，但美方却简略地答复他：美国航空航天局只对美国公民敞开大门。这个答复令张福林十分气愤，但他从事太空科学研究的决心并未动摇，他说："显而易见，我必须到美国去实现自己的梦想。"

终圆儿时梦想

高中毕业后，为了能够攒到一笔钱去美国深造，张福林在一家银行当了 8 个月的出纳。1968 年，年仅 18 岁的张福林说服父亲给他买了一张去美国的单程飞机票，只带了一个手提箱、50 美元，便只身前往美国。

张福林来到美国后，寄住在康涅狄格州哈德福特市的一位远房亲戚家里，一边打工，一边在该市一所公立中学补习英语。他勤奋用功，终于克服语言障碍，并获得康涅狄格州州立大学的奖学金，开始攻读机械工程专业。

1973 年，张福林获得学士学位。同年，他考入著名的麻省理工学院，攻读核子工程，同时依旧热切关注着宇航领域。1977 年，张福林从麻省理工学院毕业，获得应用等离子物理和聚变技术的博士学位，并加入美

国国籍，取得美国公民资格。

同年，他参加了美国航空航天局招收航天员的考试，未被录取。两年后，美国国家航空航天局第二次招考航天员，张福林再度参考。在4000多名报名者中，他以渊博的太空科学知识和强健的体格入选。经一年的训练后，他于1980年5月被正式录用，成为一名职业航天员，并取得了随航天飞机进行科学研究的资格。张福林终于实现了自己儿时的愿望。

保持七次升空纪录

"哥伦比亚号"航天飞机（STS-61-C）全体成员，左四为张福林

1986年1月12日，"哥伦比亚号"航天飞机载着张福林等共7名航天员凌空飞起。航天飞机环绕地球飞行了80圈，进行了20多项太空科学实验，历时6天，于18日安全返回。

在这次宇宙飞行中，张福林出色完成了两项太空科学实验任务。当他圆满地结束航天飞行后，立即打电话给住在哥斯达黎加的父母。他们都为自己儿子终于实现童年理想而激动得泪流满面。张福林的好友、美国航空航天局高级研究员简建堂博士也在报上撰文说，张福林"给炎黄子孙带来骄傲"。张福林自己也表示："希望我迈出的这一步，可以鼓励国内的青少年研究太空科学。"

此后，张福林又六度进入太空，出色地完成了各种任务。在第六次

（1998年）的飞行任务中，他还替诺贝尔物理奖得主丁肇中所主持的"磁谱仪"计划从事高能物理的实验。该趟飞行也促成这两位杰出的华裔科学家合作的佳话。

"亚特兰蒂斯号"航天飞机（STS-34）全体成员，左二为张福林

截至2002年底，张福林呆在太空中的时间已经超过1600小时，其中包括三次共约19小时31分钟的太空行走，是进入太空次数最多的华裔航天员。1986年自由女神百年纪念时，他还和电脑大王王安、著名建筑师贝聿铭一起，同获美国总统里根颁发的"自由奖章"。1989年，他又荣获美国宇航学会飞行贡献奖。

年龄越大越优秀

从美国航空航天局退役后，张福林把时间主要用来完善他早在20年前设想的热核聚变火箭发动机。在休斯敦的约翰逊太空中心，他带领一

个科研小组研究利用氢气来产生足以驱动火箭升空的巨大热量。这种火箭的推进力十分惊人,相形之下,使用常规火箭发动机的太空飞船就像老牛拉破车。

张福林希望美国航空航天局利用他的发动机,将国际空间站重新推进入轨。因为空间站位于近地轨道,会因地球引力作用而逐渐下降,必须人为地将它升高,使它重新复位。如果这种火箭的表现令人满意,将被用来执行飞向火星的太空使命。

可以说,一如既往的激情、坚持不懈的斗志贯穿着张福林的航天生涯。在他的有生之年,人类很可能将会实现奔向火星的载人飞行,他希望届时自己能被选中执行这项历史使命。按照他的说法,医生越老越值钱,航天员也同样如此,"年龄越大越优秀"。

中国第一位航天员——杨利伟

2003年10月15日，中国酒泉卫星发射中心。随着一阵地动山摇般的轰鸣，"神舟五号"载人飞船直刺苍穹，把一团巨大的蘑菇云般的橘红色烈焰定格在了秋日的大漠天空。此刻，全世界都记住了一个中国人的名字——杨利伟。

能像海鸥那样飞行

1965年6月21日，杨利伟出生在辽宁省绥中县的一个普通家庭。绥中靠近渤海湾，大海养育了杨利伟，同时也塑造了他刚毅质朴、沉静温雅的性格。儿时，面对蓝色的大海，他就有一个梦想，希望有一天能像海鸥那样，向着蓝天飞去。

杨利伟

小时候，杨利伟的好奇心特别强，凡事都爱问个"为什么"，有一次，他与小伙伴为了"火车长还是汽车长"的问题争论不休，于是干脆饭也不吃，直奔火车站去求证答案。

杨利伟的淘气也是出了名的，小时候的他没少给父母惹麻烦，比如他曾经为了试试叔叔做的竹片刀是否锋利，竟然把姑姑家种的一片葵麻

— **153** —

都给削平了。不过小时候的杨利伟动手能力就很强，他制作的玩具在小伙伴中很受欢迎，比如他曾经自己设计自己动手给弟弟做了一个玩具小车，小车不仅有半米多高，而且还像模像样的有木质的车轮和刹车，小朋友们都十分羡慕他的弟弟。

杨利伟与其父母

和其他小男孩一样，杨利伟小时候也十分喜欢"探险"。有一年寒假，为了弄清距家四五十里山坡上的一座小山包里到底有什么，他和几个小伙伴瞒着家人一大早就出发了。等他们搞清楚那座小山包是一座烽火台想要返回时，天色已晚，更糟糕的是，他们还迷了路。在返回的途中，一个小伙伴还不慎掉进了结满冰的河沟，等他们费力把小伙伴拖上岸，又饿着肚子深一脚浅一脚摸索着回到家时，已经大半夜了。

淘气归淘气，在学业方面，杨利伟却从没让父母操过心。从小学到高中，杨利伟一直都是公认的品学兼优的学生。

1983 年，空军到杨利伟的家乡招收飞行员，杨利伟瞒着家人，偷偷报了名。当时县里一共有 1500 多名同学报名，初选后剩下 100 多人，二选后又淘汰了 60 人，三选剩下 20 人，最后只选出了 5 个人，其中就有杨利伟。当拿到录取通知书的时候，他高兴坏了，因为儿时的梦想终于变成了现实。

空中历险记

进入航校，经过四年的刻苦学习和训练，杨利伟终于成了空军一名优秀的强击机飞行员。从此，他尽情地在蓝天翱翔。从华北飞到西北，从西北飞到西南，在祖国的万里蓝天上，处处留下了他矫健的身影。不过在他的飞行员生涯中，也有过几次险象环生的历险经历。

一次，杨利伟在新疆参加强击机超低空飞行训练，当飞机飞越吐鲁番艾丁湖上空时，他突然听到"砰"的一声巨响。紧接着，机身开始颤抖，仪表盘显示发动机温度急剧升高，并且转速迅速下降。凭借经验，他知道自己碰到了严重的"空中停车"故障。飞机瞬间开始侧滑着往下掉，而且在这危急

杨利伟当飞行员时与战友在一起

时刻，飞机与地面的无线电信号也被绵延的天山隔断了，只能通过其他飞机传递信息。此时，飞机开始剧烈颠簸，玻璃窗发出"嘎嘎"的碰撞声，机舱内甚至还窜出一阵浓烟，干扰了他的视线。难道要弃机跳伞？倔强的杨利伟不想放弃，他心里只有一个念头：一定要把飞机安全开回去！

他努力控制住操纵杆，慢慢收油门，让这架只剩一台发动机的大家伙缓慢爬升，因为横亘在他面前的是巍峨的天山山脉，飞机必须升高到

1500 米才能飞越高山，才有可能回到基地。就这样，凭借过人的智慧和胆识，飞机擦着山脊呼啸而过，最终安全回到跑道。

当杨利伟从飞机上下来时，全身的衣服都被汗湿了，战友们纷纷跑上来和他拥抱，又是钦佩，又是感动，部队首长当场宣布给他记三等功。

经历了这次严峻的考验后，杨利伟告诫自己：遇事千万不能慌张，沉着冷静是一个飞行员必备的心理素质。而这也是成为一名航天员所必需的基本素质。

经受航天员"魔鬼训练"

1996 年的初夏，杨利伟接到通知，参加航天员初选体检。他万万没有想到，儿时的飞天梦，会飞得那样遥远，竟然要飞向遥远的太空。

训练时的杨利伟

由于太过兴奋，杨利伟提前了三天到医院报到，医院的准备工作还没做好，护士开玩笑对他说："你也太积极了吧?"他则笑着回应："当航天员能不积极吗?"

是啊，能够入选航天员队伍的确不易。航天员的选拔近乎苛刻。医学临床检查，要对人体的几十个大大小小的器官逐一检查。航天生理功能检查，被人们形象地称为"特检"：在离心机上飞速旋转，测

试受试者胸背向、头盆向的各种超重耐力；在低压试验舱测试受试者上升到5000米、1万米高空时的耐低氧能力；在旋转坐椅和秋千上检查受试者前庭功能；进行下体负压等各种耐力测试。几个月下来，886名初选入围者已所剩无几。

杨利伟的临床医学和航天生理功能各项检查的指标都达到优秀。1998年1月，他和其他13位空军优秀飞行员一起，成为中国第一代航天员。

在北京航天员训练中心，杨利伟开始了航天员的"魔鬼训练"生涯。也就是在这里，他真正体会到了在航天员耀眼光环的背后，是汗水和艰辛，是奉献和牺牲。

要成为一名合格的航天员，杨利伟首先面临的是航天员基础理论学习。要学的课程非常多，天文学、天体力学、空气动力学、航天医学、心理学、外语以及载人航天七大系统的有关知识等都要学，涉及30多个学科、十几个门类。比在飞行学院学习要难上几倍、几十倍。杨利伟说："好多知识是以前从来没有接触过的，掌握这些知识对我来说非常困难。"

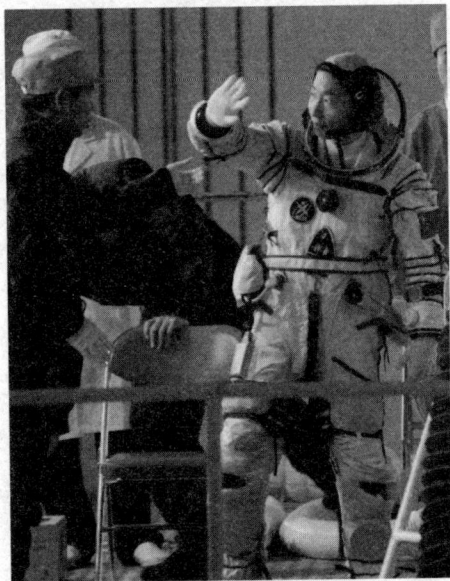

杨利伟身着宇航服进行训练

杨利伟的文化基础在这批航天员中并不是最好的，但是他肯吃苦，

善于钻研。功夫不负有心人，第一次考试杨利伟就得了 93 分，除了两位曾经在俄罗斯培训过的航天员外，杨利伟的成绩在新入选的航天员中名列第一。基础理论学习结束时，杨利伟的成绩是全优。

然而，要成为一名合格的航天员，除了需要掌握扎实的基础知识外，还必须具备特殊的身体素质，接受严格的特殊训练。

在普通人看来，太空是神奇而美妙的，但是对于要进入太空的航天员来说，又是残酷的。这里没有重力，没有氧气，没有水，没有人类赖以生存的一切要素。而为了进入太空，航天员要在密闭狭小的飞船里经历超重、失重相互交替的过程。

要克服这些障碍，除飞船必须具备适合人生存的条件外，航天员必须进行航天环境适应、任务模拟、救生与生存等专门训练。

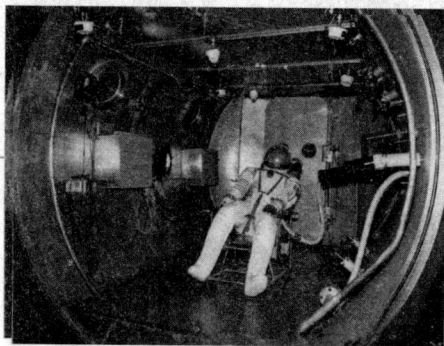

航天员在进行转椅训练

航天环境适应性训练，是航天员训练中最为艰苦的，是向人的极限能力挑战。仅以其中的"超重耐力"训练为例，在飞船处于弹道式轨道返回地球时，超重值将达到 8.5 个 G，即人要承受相当于自身重量近 10 倍的压力。通常情况下，这很容易造成人体呼吸极度困难或停止、意志丧失、"黑视"甚至直接影响生命。要"飞天"，就必须通过训练来增强人的超重耐力。

超重耐力训练在离心机里进行。在圆圆的大厅里，杨利伟坐进一只由 8 米多长铁臂夹着的圆筒里。在时速 100 千米高速旋转中，他不仅要练

习紧张腹肌和鼓腹呼吸等抗负荷动作，而且还要随时回答提问，判读信号，保持敏捷的判断反应能力。

离心机在加速旋转，人受到的负荷从 1 个 G 逐渐加大到 8 个 G。杨利伟的面部肌肉开始变形下垂、肌肉下拉，整个脸只见高高突起的前额。做头盆方向超重时，他的血液被压向下肢，头脑缺血眩晕；做胸背方向超重时，他前胸后背像压了块几百斤重的巨石，造成心跳加快，呼吸困难。

这是对人意志的考验。在他的左手旁，有一个红色的按钮，是用来报警的。如果航天员在训练时，感到不行了，就可以摁按钮叫停。但是，在每次离心机训练时，他都以坚强的意志忍受着平常人难以想象的煎熬，从未碰过这个按钮。

难能可贵的是，杨利伟在训练中并不蛮干。"他是个爱动脑筋的人。"杨利伟的教练这样评价他。每次训练他都有意识地按照个人体验的方法去练习，及时与教员

身穿宇航服的杨利伟

沟通，总结经验，慢慢地琢磨出规律和方法，使一些极具挑战、严格的训练逐渐变得轻松起来。一位对航天员训练要求非常严格的老专家自豪地说："杨利伟是我最得意的学生。"

2003 年 7 月，杨利伟经载人航天工程航天员选评委员会评定，具备了独立执行航天飞行任务的能力，被授予三级航天员资格。

浩瀚太空迎来第一位中国访客

2003年10月15日5时28分，酒泉卫星发射中心。身着乳白色航天服的杨利伟迈着从容而稳健的步伐，向中国载人航天工程总指挥李继耐走去。

"总指挥同志，我奉命执行中国首次载人航天飞行任务，准备完毕，待命出征，请指示。中国人民解放军航天员大队航天员杨利伟。"

"出发！"随着总指挥庄重下达的命令，杨利伟大声答："是！"一个标准的军礼，定格在共和国的航天史册上。

"神舟五号"发射升空

8时59分，指挥员下达了"1分钟准备"的口令。火箭即将点火。指挥大厅里气氛凝重，许多观看飞船发射的人，紧张得连大气都不敢出。一切在瞬间仿佛凝固了。

杨利伟在飞船内安稳地目视着前方，静静地等待着那辉煌一刻的到来。医学监视仪器显示，杨利伟的心率：76次/分。据国外有关资料显示，发射前航天员因为激动或紧张，心跳一般都要加快，有的达到140次/分。

指挥大厅里传出了清晰的口令：10、9、8、7、6……这时，屏幕上出现杨利伟向大家敬了一个标准军礼的画面。全场顿时掌声雷动。一位

老专家激动得满眼泪花，不住地说："杨利伟，好样的！"

随着一阵地动山摇般的轰鸣，"神舟五号"载人飞船直刺苍穹，把一团巨大的蘑菇云般的橘红色烈焰定格在了秋日的大漠天空。从飞船的舷窗往外望去，杨利伟看到了深邃而美丽的太空。他激动地告诉大家："我看到美丽的太空了。"

当飞船进入太空轨道时，杨利伟突然感觉到身体似乎要飘了起来，他清醒地意识到，飞船已经脱离地球引力，来到了太空。在他还来不及体验失重的奇妙感受时，就觉得好像是头朝下脚朝上，十分难受。他意识到这是在太空失重状态下出现的一种错觉，如果不及时克服，就很可能诱发"空间运动病"，影响任务的完成。他用平时训练的方法，凭着顽强的意志，强迫自己在意识上去对抗和战胜这种错觉，很快就调整过来，恢复了正常。

飞船绕着地球90分钟一圈高速飞行。一会儿白天，一会儿黑夜。黑白交替之间，地球边缘仿佛镶了一道漂亮的金边，景色十分迷人。杨利伟拿起摄像机，赶紧把这壮观的景色拍摄下来。他不

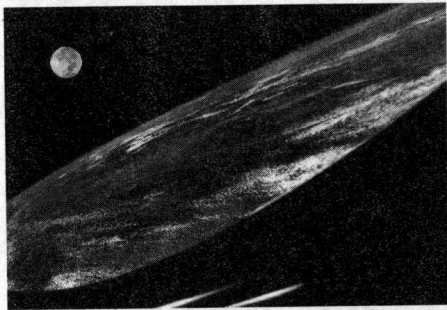

杨利伟拍摄的太空照片

由得从心里腾升起从未有过的强烈自豪感，为中国人飞上太空感到骄傲。他郑重地在飞行手册上写下了"为了人类的和平与进步，中国人来到太空了"。

飞船飞行到第七圈时，他又在太空展示了中国国旗和联合国旗，表

中国第一位航天员——杨利伟

达了中国人民和平利用太空、造福全人类的美好愿望。

飞船总设计师高度评价杨利伟的这次太空飞行："不是一般的成功，而是非常成功；不是一般的完美，而是特别完美。"

国外媒体和航天员同行也一致认为：这是一次完美的飞行。杨利伟在太空飞行中的杰出表现，让世界对中国及中国的航天英雄刮目相看。

面对荣誉，淡然处之

"我为伟大祖国感到骄傲！"这是杨利伟返回地面后向欢迎的人们说出的肺腑之言。

航天员大队是个团结和睦的集体。在这个集体里，杨利伟享受着温暖，同时也把温暖给予大家。他始终把自己看成是航天员大队中的普通一员。在被选为首飞航天员后，他说，我是代表13位航天员出征太空的。

中共中央、国务院、中央军委授予杨利伟"航天英雄"称号

因此，在太空飞行中，他的心和战友们一直紧紧相连。按照预定的太空飞行计划，杨利伟在太空有5小时的休息时间。但他只睡了半小时。他说，首次太空飞行，机会太难得了，我要尽可能地体验太空飞行，为战友们将来上太空做准备。

回来后，杨利伟成为公众人物，有许多活动需要他参加，但只要一

有空，他就和战友们在一起，交流太空飞行心得。回来后不久，他就主动要求参加航天员例行的体能训练。

10月16日，杨利伟成为全国人民心目中的民族英雄。那天，他回到北京航天城时已是晚上。21小时太空之旅的极度疲劳尚未消除，他就给训练航天员的教员们一个个打电话，向教员们汇报自己在太空的情况。而此时电视里已全是他的新闻和形象，他却仿佛什么都没有发生。

一位老教员感叹地说："难得啊，难得。能在巨大荣耀面前，保持如此平常心态，正是优秀航天员应该具备的素质。"

征服太空归来之后，杨利伟一直在为祖国的航天事业忙碌。2005年，杨利伟出任中国航天员科研训练中心副主任；2008年7月22日，他晋升为少将军衔。除此之外，他还热心公益事业，2008年8月6日，奥运火炬开始在北京市传递，他作为首棒参加了火炬传递活动。

面对巨大的荣誉，杨利伟没有居功自傲，也没有忘记航天员的神圣使命，犹如平时，淡然置之。正如他在祖国和人民给予他"航天英雄"称号时所说的："感谢祖国和人民对我的培养，光荣属于祖国，光荣属于人民，光荣属于千万个航天人。我为祖国感到骄傲。我将继续努力工作，时刻准备接受祖国和人民交给我的任何任务！"

遨游太空的"中国龙"——费俊龙

2005 年 10 月 12 日，自小喜爱绘画的费俊龙没有想到，自己没有成为一名专业画师，却在 20 年前把自己的作品从纸上"绘"到了蓝天上，继而又在这个金色的秋季"绘"到了更加浩渺的太空！

在蓝天上"绘"出精彩画卷

1965 年 5 月，费俊龙出生于江苏昆山巴城，这是一个美丽富饶的江南小镇。费俊龙是家中最小的男孩，受宠程度可想而知。

费俊龙

小时候，费俊龙很羡慕军人，喜欢战争片和红五星。他常常自己动手做五星，刷上红漆，戴在头上。恰巧，他的姐夫也是当兵的，于是一身戎装的姐夫成为他最早的崇拜偶像。军旅情结就这样早早种在了年幼的费俊龙心中。

由于家境贫寒，10 岁的费俊龙边上学边挣工分，背麦子，背稻穗，背河泥，一天下来挣 3 个工分；他还在业余时间割草喂兔子，帮妈妈做饭。虽然农活繁重，但他胆大心细，从没摔过跤，全身上下没有留下一

道疤痕，为以后通过招飞考试扫除了障碍。

上中学的时候，费俊龙十分顽皮，有时会用小虫子吓唬班上的女同学，但在一桩桩"调皮"事件中，他从不挑头，只是积极响应做"从犯"。他多才多艺，学习好，文采出众，尤其喜欢画画，然而年幼的他无论如何也想不到，自己将来能将自己的人生画卷"绘制"到浩瀚的太空。

1982 年，高中毕业的费俊龙碰上了空军来学校招收飞行员。驾驶战斗机翱翔在广阔的蓝天上画出的画卷，一定比用自己手中的笔画出的更美吧？他瞒着家里，悄悄地报名参加了飞行员体检。

费家到费俊龙这一代已经是三代单传，他上边有两个姐姐。生他的时候，费家宝贝得不得了，特别是爷爷，高兴得整天合不拢嘴。长辈们都把他叫"三囡囡"，特别

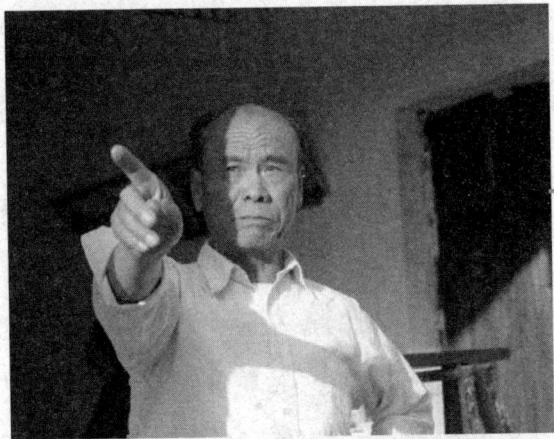

费俊龙的父亲

当心肝宝贝。爷爷不舍得费俊龙去当兵。他对爷爷说："我已经长大了，周总理小小年纪就离开家乡，我比总理那时大多了，能好好照顾自己。再说，我去的是部队，不是其他地方。"

"既然选择了上天，那就要好好飞。"从军前父亲的嘱托，成了费俊龙的人生座右铭。两年后，他以全优的成绩从空军飞行学院毕业，正式成为一名空军飞行员。

— 165 —

曾与死神擦肩而过

进入航校以后，费俊龙始终坚持高标准严格要求自己，在同期航校学员中一直是出类拔萃的。由于表现出色，毕业时学校决定要他留校，按大队长的话说："费俊龙在天上飞，我可以丢掉话筒，不用我指挥他也能安全飞回来。"

在从事飞行教学训练的15年中，费俊龙带出了30多名学员，曾被评为军区优秀教官。可以毫不夸张地说，他已将飞行融入自己的生命。

作为一名飞行教员兼飞行员，费俊龙对自己职业的危险性早有认识。面对各种飞行事故，他做了深刻思考，将各种事故归类分析，编写了一部题为《警钟长鸣》的飞行事故调查报告。在这本书里，他总结了许多有益的经验，告诫战友们一定要严格按照操作规范飞行，上天以后思想千万不能开小差。

费俊龙飞行员标准照

亲自处理过几次飞行事故的费俊龙，自己也曾经与死神擦肩而过。那是在1992年7月的甘肃张掖飞机场。费俊龙对新型飞机的高空性能进行试飞。在试完飞机的最大转速后，他问机械师："油加满了吗？"机械师回答："加满了。"第二天，费俊龙又驾机飞行，飞到8000多米的高空时，油箱灯突然报警，油不多了。

危急时刻，费俊龙没有慌张，

而是边向地面报告，边驾驶飞机往回飞。返回途中，为了尽量节省燃油，他打算空滑迫降。地面指挥员告诉他："油不够了，跳伞吧。"但费俊龙没有放弃，凭借丰富的经验和过硬的驾驶技术，最终安全降落。

等飞机着陆后，机械师拿试油杆插进油箱一测，竟然一点油都没有了。也就是说，如果晚回来哪怕一分钟，飞机都会"空中停车"。就这样，凭借过人的勇气、过硬的技术与冷静的头脑，费俊龙在 32 岁那年成了一位年轻的空军特级飞行员。

"比在空军飞得更高。"

费俊龙第一次听到"航天员"三个字是在 1996 年 6 月，当时他对航天员是干什么的还不是很清楚，以为跟飞行员差不多。他抱着试一试的态度去报名。结果凭借扎实的基本功和良好的身体素质，他入选了中国第一批航天员。当了航天员以后，家里很长时间都不知道他究竟干什么工作。有一次，妈妈忍不住问他到底做什么。他说，还是飞，不过要比在空军飞得更高。

从"神舟五号"开始，航天员训练本身就是选拔的过程。费俊龙把近 40 万字的飞行手册全部背下来了，复杂的飞行程序、操作要领以及各种应急处置方案，全部做到了不查手册就能处置。有一次训练

费俊龙和聂海胜在进行模拟训练

时，教员出了一道题："导致某异常情况返回的故障模式有几种？"教员准备的标准答案是5种，费俊龙竟答了6种。检验结果证明，费俊龙是对的。

训练残酷，优选落选更残酷。14名航天员谁都想第一个上天，但是必须选择最优秀、最全面的。看到杨利伟代表中华民族完成了历史使命，费俊龙从内心感到骄傲，失落感变成了一种喜悦。杨利伟在天上飞的时候，费俊龙一直在指挥控制大厅值班。升空的时候，他流下了热泪。他说："哭，实际上就是分享胜利的喜悦。"同时他也相信经过努力，自己今后还会有突破。杨利伟对他的评价是：费俊龙比较活泼，他是航校教员出身，在处理事情时协调能力很强。

第一个把筋斗翻到太空的中国人

2005年10月12日9时，秋风，掠过无边无际的戈壁滩，稍显臃肿的航天服丝毫没有影响费俊龙和聂海胜矫健的身姿，他们迈着军人特有的整齐步伐，走向中国载人航天工程总指挥陈炳德。

费俊龙和聂海胜进舱前向送行的人们致军礼

"我们奉命执行'神舟六号'载人飞行任务，准备完毕，待命出征，请指示。"

"出发！"

2005年10月14日，是费俊龙进入太空的第三天。16时30分，费俊龙用双手撑住船舱中的两个固定物，然后突然向

前，完成了在太空中的第一个前滚翻！仿佛意犹未尽，费俊龙又连续翻了3个筋斗。其间，战友聂海胜一直在为他拍照，两人不时相视而笑。

身手矫健的费俊龙从没翻过如此费力和缓慢的筋斗，当然，他更没有翻过如此"高"水平和大速度的筋斗——在343千米的高度上，在3分钟里连翻4个筋斗，每翻一个筋斗，他都要飞行351千米。

《西游记》中的孙悟空一个筋斗十万八千里，毕竟是神话故事，而费俊龙这一连串动作，却创下了中国航天史上的又一个第一：第一个把筋斗翻到太空的中国人。

这4个略显笨拙的筋斗，却使电视屏幕前的亿万中国人感受到了巨龙腾飞般的激动和振奋。连费俊龙自己也没有想到，名字里的"龙"与自己的命运竟如此相近。

如果说他在成为一名空军飞行员时就获得了如蛟龙般纵横长空的能力的话，在他成为一名航天员并乘坐"神舟六号"飞上太空后，这条"龙"更是扶摇直上，成为龙的子孙中第一批进入"天宫"的人。

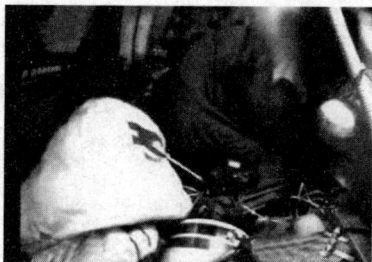

费俊龙开始翻第一个跟头

在太空中，费俊龙一共飞行了115多个小时，飞行距离超过325万千米。其间，他第一个打开了返回舱门进入轨道舱，第一次脱下舱内压力服，换上工作服，并与战友聂海胜一道在轨道舱中完成了各种科学试验……

从田野间背着宣纸去上学、梦想着做一名画家的少年，到今天亿万人瞩目的英雄航天员，费俊龙的人生仿佛就是一个不断提升高度的过程。

从放羊娃到航天英雄——聂海胜

2005年10月17日，聂海胜和我国另一名航天员费俊龙乘坐"神舟六号"返回舱平安着陆在内蒙古的苍茫草原，他们在太空飞行了115.5小时，这是"神五"飞行时间的5倍多，创造了中国人遨游太空时长的新纪录！

为飞翔而生

1964年，聂海胜诞生于湖北枣阳的一个小村庄。儿时的一天，他在山坡上放羊躺在草丛中睡觉，突然梦见自己长出一双大大的翅膀飞上了蓝天。那时，他还是一个贫困的放羊娃，从来没有见过飞机。

只不过，聂海胜飞翔的天路一直崎岖坎坷。

小时候，聂海胜家境贫寒，他经常穿姐姐的旧衣服，打赤脚。每天吃的都是杂面饼和红薯面做的黑窝头，萝卜干、咸菜、大酱是家中餐桌上的主菜。父母常常为几元钱的学费东挪西借。兔子，有时成了他交到老师手中的"学费"。有一次，他把一条摸来的二三十斤重的大鱼卖给老师，拿两元

聂海胜

钱交了学费。

聂海胜知道学习的机会难得，所以一直很刻苦，寝室里一般都准时关灯，有时背诵内容没记住，他就在校园的路灯下读书。他的数学成绩特别好，考试几乎总是第一个交卷，而且经常是满分。

16岁上初中时，父亲病逝，这对本来就十分贫寒的聂家来说无疑是雪上加霜。于是聂海胜忍痛放弃学业，帮家里干活。作为班上的尖子生，班主任非常喜欢这个勤奋好学肯吃苦的孩子。他力劝聂海胜的母亲，希望聂海胜能继续学业。在老师的劝说下，聂海胜终于复学。当他看到母亲一路小跑到田里告诉他这个消息时，他不禁扑到母亲的怀里失声痛哭。

从此，聂海胜学习更加刻苦努力，为了节省开支，他的下饭菜就只有咸菜和辣椒。虽然学校给了他助学金，但每次放假，他都去打工、做农活，挣上十几块钱，攒够上高中的学费。

聂海胜自小平衡能力和心理素质就好。高中时，学校旁有一条排水管道，离地有一层

聂海胜（左一）高中时与老师同学的合影

多楼高，同学们都不敢在上面走，唯独他能轻松走下来。而且，他从小就喜欢飞机，家里虽然穷，但他经常从同学那里借来一些关于飞机的书。有一次上美术课，老师布置搞一些小创作，他的作品是用泥巴做的3个飞机模型，当时就获得了老师的表扬。

终圆飞翔梦

聂海胜曾说:"吃苦多的人,遇到什么都想得开。"高中毕业时,正好赶上航校招飞行员,聂海胜抓住了这次难得的机会,并如愿以偿被录取。临行前,他只背了一个书包,没有更多的行李。他不让母亲送行,是怕母亲难过。

在航校,聂海胜很快就表现出过人的飞行天赋。不久,他就成了同行中第一个放单飞的人,教官让他给其他学员讲讲飞行体会,不善言辞的他只说了一句话:"啥也不想,只管飞!"

事实上,飞行远不像聂海胜说得那般轻松。每一次飞行前,他都要手拿模型将飞行路线、飞行中可能遇到的问题,反反复复演练数遍,做到准确无误。正是凭借这种严谨的态度和反复的演练,他以优秀的成绩提前毕业。

不过,几乎每个航天员都有过惊险刺激的独特经历,聂海胜也不例外。

1989 年 6 月 12 日,聂海胜改任空军某部歼击机飞行员。第二天,他在飞行中就遇到了事故。当时,他正驾着某型歼击机在 4000 多米的高空执行任务,突然"砰"地一声爆响,发动机停止了。飞机一下子转速下降、机体下坠,舱内温度急剧上升。

聂海胜一边镇定地向地面报告,一边试图排除故障。所有的办法都尝试过了,然而飞机还在下坠。地面指挥让聂海胜弃机跳伞,但他没有放弃,做了最后的努力,试着让歼击机滑行,但因距离太远没有成功。

当歼击机距地面只有 400 多米时,他不得不按下了弹射开关,然后

觉得眼前一黑，就什么都不知道了。

当聂海胜睁开眼睛时，才发现自己落在了稻田里，歼击机摔在 100 多米远的山沟里，扎进土里十几米，着火爆炸了。而他本人除了掉了一只鞋以外，完好无恙。后查明，此次事故是因为发动机压缩器上的叶片出了机械故障造成的。鉴于聂海胜在危急时刻沉着冷静地处置险情、想尽一切办法挽救飞机的勇敢精神，当年部队为他记了三等功。

飞行员聂海胜

设"圈套"赢得妻子同意入选航天员

1995 年 10 月下旬，空军和国防科工委开始进行预备航天员的选拔。得知这个消息，聂海胜兴奋不已，赶忙喜滋滋地跑回家找爱妻聂捷琳商量。

听说丈夫要报考航天员，聂捷琳陷入了沉思中，继而不同意。因为在她心中，丈夫能每日平安归来比什么都重要。1986 年"挑战者号"航天飞机失事的惨景，使她一想起就脊背发冷。况且，她早已习惯了每个周五和女儿一起迎接飞行员丈夫归来的家庭生活，这种平静的日子突然之间要被打破，她真的接受不了。

这是他们夫妻相处多年来第一次出现重大分歧。聂捷琳一直忧心忡忡，尽管她知道丈夫的脾气也很倔，但她还是抱着侥幸的心理希望丈夫

聂海胜全家福

能放弃。一天，两人又为此事发生了争执，聂捷琳继而对丈夫劝道："这种事十几亿中国人都没谁做过，太危险了，我担心你！"

"正是别人没有做过，我才更要去探索！"聂海胜不容置疑地答道。"反正我不同意你去！"聂捷琳见丈夫态度如此强硬，也开始发火了。

"不同意我也要去！"聂海胜硬邦邦地回敬道。"那就离婚好了。"说到气头上，聂捷琳也抛出了杀手锏。

聂海胜并没有死心，他一直在寻找机会说服妻子。为了不错失良机，聂海胜瞒着妻子参加了体检。聂捷琳态度坚决，聂海胜一步不让，他们之间的冷战持续了一个多月。

一个多月后的一天，机会终于来了。周末，很少陪伴妻子逛街的聂海胜陪妻子在市区逛了足足一天，晚上又请妻子在高级饭店吃饭。这天妻子的心情格外好。看到妻子开心的样子，聂海胜趁机说："你也知道，

做航天员是我一直以来的梦想。再说，你同意我去，我也未必选得上，是不是？"

聂捷琳一想，也对呀，即便同意他去，也未必能选上，何必要和丈夫较这个劲呢？

看见妻子的态度有了转变，聂海胜别提有多兴奋了。他赶紧掏出一直带在身边的调研人员留下的电话号码拨过去，激动地大声说："我老婆同意啦！"聂捷琳这才恍然大悟：唉，中了丈夫的圈套！

1998 年 1 月，我国第一个航天员大队在北京航天城成立，聂海胜以出色的表现最终成为 14 名航天员中的一员。

梦圆太空

2004 年春节刚过，聂海胜及其所在的航天员大队就开始投入"神六"载人飞天的紧急训练之中。"神六"飞行不是"神五"的简单重复，两名航天员将在轨道舱里开展空间技术试验，多天后才返回，面临的风险更大，对航天员的训练要求也更高。聂海胜在飞船标准调整后，体重有点超标。他坚持 5000 米长跑和大运动量训练，最终成功将体重保持在 67 千克的标准之内，

聂海胜在进行模拟训练

并具备了飞天的所有条件，成了首次多人多天飞行的航天员。

因为"神六"飞天的两名航天员需要在飞行过程中配合得天衣无缝，这就意味着作为"神舟五号"首飞梯队成员，一切都要从头开始练起。

"神五""神六"大部分训练是相同的。但"神六"飞行时间长，针对这个增加了卧床训练，需要航天员躺五天五夜。聂海胜说："第一天感觉腰疼，后来感觉越来越轻，时间长了就习惯了。我就是很平淡地这样走过来的，情绪起伏不是很明显，航天员不会有大喜大悲的情绪。"

费俊龙 聂海胜 致敬

聂海胜和费俊龙准备走向发射塔

这次飞行是真正意义上的在太空生活和工作，聂海胜说："杨利伟已经实现了飞天梦想，我们需要进一步去了解太空，了解外层空间，了解外星球，为以后更深一步的研究打下基础。我们还处在一个起步的阶段，应该说这个事业，我不来也会有人来，但是我能来的话为什么不来呢？当然，这个事是有风险的，但什么事情都有风险。既然选择了，我就愿为之奋斗。"

2005年10月12日，聂海胜与费俊龙乘坐我国自行研制的"神舟六号"载人飞船成功进入太空。"神舟六号"飞船在轨飞行第二、第三天，正是空间运动病的高发期，聂海胜与费俊龙采取灵活的处理方法和对抗措施，帮助对方进行心理放松，有效地防止和解除了空间运动病的威胁，保证了工作效率，并在失重状态下进行多种动作尝试，为今后的飞行任

务提供了有益尝试。

在太空工作的 115 小时 32 分钟，他和费俊龙沉着冷静，坚毅果敢，以"零失误"的标准出色地完成了所有预定程序和操作规程，并且首次进入轨道舱进行空间科学实验，首次完成了我国真正意义上有人参与的空间飞行试验。2005 年 10 月 17 日，聂海胜与费俊龙后顺利完成各项空间实验活动后安全返回地面。

聂海胜和费俊龙在太空一共飞行 115.5 小时，这是"神五"飞行时间的 5 倍多。五昼夜的太空之旅，费俊龙和聂海胜不仅成了中国载人航天史上行程最远的人，而且在太空中创造了一项又一项的纪录：第一次进行多

聂海胜在太空中拍摄的照片

人多天太空飞行试验；第一次进入轨道舱；第一次实施对地观测、海洋污染监测、大气状况监测、植被状况监测以及生物科学和材料科学的研究；第一次在太空完成压力服穿脱试验、吃上热食和复水食品……

聂海胜和费俊龙凯旋归来

2005 年 11 月，中共中央、国务院、中央军委决定授予聂海胜"英雄航天员"荣誉称号，并颁发航天功勋奖章。

首位漫步太空的中国人——翟志刚

2008 年 9 月 27 日 16 时 43 分，当翟志刚从"神舟七号"飞船轨道舱缓慢而坚定地迈向太空的一刹那，中国航天史上的又一个里程碑就此诞生。

慈母送他去飞行

1966 年 11 月 21 日，翟志刚出生在黑龙江省齐齐哈尔市龙江县的一个小乡村。父亲长年卧病在床，一个大家庭全靠母亲支撑。

小的时候，翟志刚家里生活非常困难，但目不识丁的母亲对子女上学却毫不含糊。她说："咱翟家砸锅卖铁也要供几个孩子读书。"在那个贫困的小村庄里，翟家是极少数几户能将全部子女送去上学的家庭，而且一直供到高中。

翟志刚

母亲怀着坚定的信念，不仅要让儿女们吃饱饭，还要供他们读书成才。年近六旬的她买来生瓜子，自己炒熟，每天起早贪黑地到街上去卖。黑龙江的冬天，天寒地冻，瘦小的她为了能多挣几毛钱，在电影院门口跺着脚等待晚场的人们出来能买一点瓜子。

有一次，翟志刚去街上接母亲回家时，在昏暗的街灯下看到母亲被冻得瑟瑟发抖的身躯，真想大哭一场。但是年幼的他从母亲身上学会了隐忍和坚强，将泪水咽回肚里，并暗暗下定决心，一定要活出个人样来，报答母亲的养育之恩。

考上高中后，翟志刚萌生了退学的想法，他含着热泪对母亲说："妈妈，我不想继续念书了，我要帮您老人家支撑起这个家。"

谁知一向温和的老母亲发了火。她流着泪对翟志刚说："妈不识字，也不会讲什么大道理，但我认准一个理，你这个书必须念下去！"

1985 年 6 月，空军飞行学院来招飞，翟志刚高兴地报了名。当亲朋好友跑来告诉母亲他考上空军飞行学院的消息时，母亲比他还激动。临走的前一天，母亲从贴身的小包里掏出带着体温的 20 元钱，硬塞到儿子手里。翟志刚忍不住心酸，搂住白发苍苍的母亲哭了……

翟志刚的母亲

翟志刚到学校以后，每月津贴 12 元，他只留下两元，其余全部寄给了母亲。他知道母亲喜欢喝糖水，就托人给母亲捎去白糖、奶粉。在母亲殷切目光的注视下，翟志刚一步步成长起来，先后任飞行中队长、飞行教员。

两次与"飞天"失之交臂

翟志刚入选航天员队伍 10 年，两次入选"神五""神六"梯队，两次与"飞天"失之交臂。

2003 年"神五"飞天前，翟志刚和杨利伟、聂海胜同时成为"神五"的备选航天员。在"神五"发射的前一天，虽然任务指挥部并没有明确通知参加首次载人飞行的最终人选，但翟志刚心里清楚，沉稳冷静、技术精湛的杨利伟最有可能入选。因此，在做好自己参试准备的同时，他

翟志刚入选"神五"航天员飞行梯队

开始有意识帮助杨利伟复习飞行操作的细节，为他整理随身生活用品，并让他最先一个参加临射前医学检查，以便留给他更多的休息时间。

翟志刚入选"神六"航天员飞行梯队

在杨利伟被确定为"神五"航天员后，翟志刚和聂海胜陪着即将出征的杨利伟在媒体面前亮相，做出征前的汇报。作为备选航天员，他们一直将杨利伟送到"神五"舱口。当所有镜头灯光都对准杨利伟时，他们一直微笑着向人群挥手。

"当时为杨利伟捏了一把汗，并没有想'他上了，我没能上'。"

翟志刚这样回忆当时的感受。

翟志刚在"神六"发射前再次成为热门人选，而同样可惜的是，他再次与之失之交臂。有记者问他，距离那么近，却没有得到，会不会觉得惋惜？他说："就是因为太近了，所以跟着一样光荣。"

因为强烈的荣誉感，翟志刚一直努力，等待实现飞天梦想，他曾这样表白："如果'神七'还是擦肩而过，我还是要继续努力。"

终圆飞天梦

十年磨一剑，翟志刚终圆飞天梦。2008 年 6 月，他入选"神舟七号"载人飞行乘组，并担任了"神舟七号"宇宙飞船的指令长。

北京时间 2008 年 9 月 27 日 16 点 43 分 24 秒，全中国的目光都锁定在距地面高度 343 千米的"神舟七号"——通过摄像机，人们可以清晰地看到翟志刚迈入太空的这历史性一步。

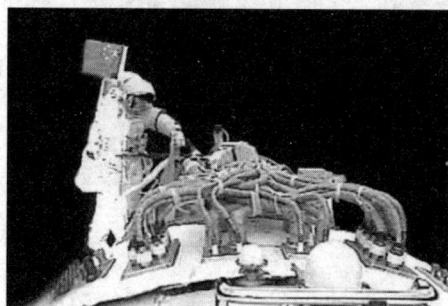

翟志刚在太空漫步

翟志刚穿着我国研制的"飞天"舱外航天服，右臂上，胡锦涛主席题写的红色"飞天"两字清晰可见。

"'神舟七号'报告，我已出舱，感觉良好。"

"'神舟七号'向全国人民、向全世界人民问好！请祖国放心，我们坚决完成任务！"

翟志刚用他洪亮的嗓音，说出了世界上第 354 个出舱的航天员进入

— 181 —

太空后的第一句宣言。

然后，他把两个安全系绳的挂钩全部改挂到右侧的扶手上，全身飘出了飞船——此时，飞船正处于祖国上空。

鲜红的旗帜、雪白的"飞天"、银色的飞船、深黑色的太空，构成一幅绝美的图画。

随后，翟志刚朝轨道舱固体润滑材料试验样品安装处缓缓移动，取回样品，递给航天员刘伯明。

此后，太空变成了翟志刚的个人舞台。

翟志刚自主出舱瞬间

转身、飘移、再转身、再飘移……这个舞场上的交谊舞高手，第一次开始了他的、也是中华民族在太空的浪漫舞步。

安装在飞船舱壁上的两个摄像头，将这一美妙的画面传到北京航天飞行控制中心。

"'神舟七号'准备返回轨道舱。"

在刘伯明的帮助下，翟志刚脚先头后，缓缓进舱。16 时 59 分，翟志刚在舱内拉下轨道舱舱门，轻轻推向头顶，舱口很快只剩下一圈光线。17 时 00 分 35 秒，翟志刚再一用力，舱门关上。

当翟志刚完成出舱活动后顺利返回"神舟七号"飞船轨道舱，中国载人航天工程取得了又一具有里程碑意义的重大技术突破，中国也成为世界上第三个掌握空间出舱活动技术的国家。

中国人的第一次太空行走共进行了 19 分 35 秒。其间，翟志刚与飞船

一起飞过了 9165 千米。在此后与地面的通话中，翟志刚说："太空漫步的感觉很好，真为我们伟大的祖国感到骄傲！"

多才多艺

翟志刚给许多人留下的第一印象都是英俊、帅气。殊不知，他还多才多艺，是航天员里的"明星"。他平时不仅喜欢唱歌，而且十分擅长跳交谊舞，每逢航天员们办舞会，"满场飞的总是翟志刚"。他有模有样的优雅舞姿，总是牢牢吸引着观众们的目光。

模仿赵本山的戏剧小品，也是翟志刚的拿手绝活。这得益于他对赵本山小品的痴迷。一看到电视上播放赵本山的小品，他就死盯屏幕不放。他常说自己和赵本山都是东北人，虽然一个在黑龙江齐齐哈尔，一个在辽宁铁岭，但也算是半拉子老乡。不仅爱

翟志刚和聂海胜登台演唱

看赵本山的表演，他还要去模仿，纯正的东北方言从他嘴里说出来，似乎都透着苞米茬子加高粱米味。

翟志刚还有个不为人知的爱好——玩电动玩具。每次给儿子买回电动玩具来，他都自己先玩个痛快，再给儿子当教练。

"我好动，不好静；好冒险，不好保守。所有具有挑战性的事情，包括游戏都喜欢。"翟志刚这样概括自己的性格。

单车骑出航天路的农家娃——刘伯明

"我准备的不比阿姆斯特朗差，我应该超过他，他给人类带来惊喜，我也要给全人类带来惊喜。"

自行车骑出航天路

1966 年农历 9 月 16 日，黑龙江省依安县红星乡东升村一户普通农民家中，一个男婴呱呱坠地，父亲刘志生为他起名刘伯明。

刘伯明兄妹 6 人，他在家中排行老二。1983 年，刘伯明考到依安一中读高中时，家里要同时负担 5 个孩子读书，以种地为生的父亲感到力不从心。

刘伯明

为了给家里减轻负担，刘伯明决定不像其他同学那样住校。父亲咬牙花 100 多块钱给他买了一辆二手的"白山"自行车，供他往返上学。

学校离家近 10 千米，全是坑洼土路，好天气时走路都吃力，遇到下雨天就变得泥泞不堪。冬天路面又会结冰，非常滑。高中 3 年，刘伯明每天三四点钟起床，走时天不亮，回家天又黑了，两头不见太阳。三年下来刘伯明骑车走的路程足有 2 万 5 千里，堪比红军长征。但是无论雨多

猛、雪多大，他从未迟到或早退过。

虽然每天骑车往返 20 千米很辛苦，但是刘伯明高中三年从未生过病，连感冒都没有过。高中三年也锻炼了刘伯明强壮的体魄和坚强的意志，为他日后成为航天员奠定了坚实基础。

1985 年，空军在依安县招飞行员，严格的身体素质标准使很多报名者在第一关就遭淘汰。而刘伯明轻松地就过关了。

曾被教官"免提"

1985 年，在通过苛刻的招飞体检之后，刘伯明又毫无悬念地通过了文化课考试，进入长春飞行学院。

从长春飞行学院到牡丹江初教机场，再到锦州飞行大队，刘伯明一直表现出色。1991 年，他开始单飞，并独立驾驶歼八。1998 年，他和翟志刚等一起被选为我国第一批航天员。

入选航天员队伍后，刘伯明才知道原来当航天员并非那么容易。对他来说，最艰难的就是第一年的基础理论培训了。

当飞行员时的刘伯明

在当飞行员时，刘伯明已经习惯了每天摆弄操纵杆，驾着战机在天空中信马由缰的飞行。如今，他却不得不捡起已经放下十来年的课本，重新走入课堂，像小学生那样埋头

苦读。

那时候，晚上能在 12 点之前睡觉的时候很少，十多门基础课程，每一门都是一道沟一道坎。在学习专业理论课时，还有许多关于飞船系统的数据要背。数据很多，很容易混淆，这就需要摸索窍门，每个人几乎都有属于自己的独门"绝招"。尤其是刘伯明，每个数据经他一琢磨，就好记不易忘了。因此大家都佩服地称他为"小诸葛"。

而刘伯明确实也无愧于"小诸葛"的雅号，曾有一名以出刁钻问题著称的教官在连续"考问"了刘伯明 10 多个"犄角旮旯"的问题后，也被他的对答如流震慑，从此对他实行"免提政策"。

独特的恋爱历程

由于飞行员职业的特殊性，刘伯明的恋爱故事远非现代爱情故事那么浪漫精彩，不过却不失独特。

刘伯明的妻子张瑶的母亲是刘伯明上中学时的校长，读高二时，校长曾给他所在的班级上过语文课。当时，刘伯明的聪明好学就给她留下很深的印象。

刘伯明考上飞行学院后，学校为他专门举办了欢送会。然而欢送会开始时，却不见主角刘伯明。原来接他的吉普车坏在了半路上。就在大家焦急等待时，刘伯明满头大汗地跑来了。他拿出一支钢笔毕恭毕敬地递给自己的班主任，动情地说："老师，从乡里赶到县里，路上耽误了，没来得及买别的礼物。这支钢笔送给您，谢谢您的培育之恩！"刘伯明的这一举动赢得了全场热烈的掌声，也让校长记住了这个憨厚朴实的男孩子。

到部队后，刘伯明一直和校长保持联系。一次，校长问他是否有对象，想找个什么样的。他告诉校长，他想找一个能独立理家的姑娘。不想，很快刘伯明原来的班主任就给他来信了，信上说，校长有一个闺女，很漂亮，在齐齐哈尔市工作……

刘伯明与妻子张瑶

刘伯明看到信后，心里有些忐忑，他认为自己长相一般，也没什么特长，不知人家姑娘会不会喜欢自己。

不料，校长的女儿张瑶听完母亲对刘伯明的介绍后，立刻对这个踏实厚道的年轻人产生了好感。于是，两个未曾谋面的年轻人就走上了独特的恋爱历程——通过鸿雁传书交流思想和情感。经过长达一年的书信往来，刘伯明和张瑶才有了难忘的第一次见面。这样的恋爱经历在现在的年轻人看来无法想象，但刘伯明正是通过这种方式和妻子从纸上谈情发展到步入婚姻殿堂。

在太空中玩汤勺

1998 年 1 月，刘伯明正式成为我国首批航天员。2005 年 6 月，入选"神六"航天员飞行梯队。2008 年 5 月，入选"神七"航天员飞行梯队。

2008 年 9 月 25 日，"神舟七号"升空，3 个正选太空人已然确定了，分别是刘伯明与另外两名航天员翟志刚、景海鹏。刘伯明和翟志刚、景海鹏经过十多年共同生活、学习、训练，结下了深厚的友谊。在太空中，

他们三人配合默契，互相协作，刘伯明和景海鹏还帮助翟志刚完成了中国人的首次太空漫步，创造了历史。

刘伯明在太空中把玩汤勺

有趣的是，在航天员返回舱内做短暂休息时，童心颇重的刘伯明把一只汤勺飘在空中，并用手拨着汤勺旋转，同在舱内的翟志刚和景海鹏相视莞尔，北京飞控中心里目睹这一幕的工作人员和记者也都忍俊不禁，纷纷鼓掌。刘伯明自己也露出孩子般的笑容。

而当航天员与家人进行天地通话时，刘伯明还向镜头展示了一张字条。上面写着："俯瞰家园，同一个地球村；横望日月，同一个太空城；三马飞天，齐祝愿；天地连线，一家人。"

北京时间2008年9月28日，"神舟七号"成功返回地球。在"神舟七号"飞船顺利着陆后，刘伯明出舱发表讲话："我们刚才进行了重力返回再适应，并进行了医监医保检测，身体状况都正常，相信中国航天员是最棒的，请祖国人民放心，感谢祖国人民。"

2008年11月7日上午10点，庆祝"神舟七号"载人航天飞行成功的大会在人民大会堂召开，刘伯明被授予"英雄航天员"的称号，胡锦涛总书记亲自为他颁发了航天功勋奖章和证书。

航天员中的"钢铁前锋"——景海鹏

"对失败的理解，可能每一个人都有每一个人的见地、见解，我感觉在航天队伍中没有失败者，永远没有失败者。不管谁上，他是一个执行者和实践者，所有人梦想的实践者。"

一张照片改变命运

1966 年 9 月，景海鹏出生在关公故里——山西运城，他在兄妹三人中排行老大。虽然从小就性格内向，不太爱说话，但景海鹏身上却有着别的小伙伴所没有的不服输的劲头，不仅学习成绩名列前茅，而且体育成绩也十分优异，尤其是篮球打得好。他打篮球时喜欢穿一件白背心，上面画着一只海鸥，所以大伙都喜欢叫他"海鸥 5 号"。

景海鹏

读高中时的一天，景海鹏代表他所在的安邑中学去运城中学打篮球比赛，在运城中学宣传栏里，他第一次看到了飞行员的照片。

这似乎是命中注定的相遇，景海鹏的眼睛一直不愿从照片上挪开。回到家中，他兴奋地向父亲比划：飞行员的头盔是这样的，护镜是那样

的。他告诉父亲："我要当飞行员。"

1984 年，空军某部在运城招考飞行员，景海鹏报了名。但是由于身体原因，他落选了。当时是因为学习时间太长，劳累过度，眼睛里有些血丝，所以体检没有通过。

景海鹏的父母

这次落选对凡事追求卓越的景海鹏来说无疑是个巨大的打击，他当时连门都不肯出，说"没脸见人"。然而更大的打击来了——父亲打算让他退学。后来村里的电工到景家串门，见状就劝景海鹏的父亲让儿子再读 1 年，并让景海鹏在父母面前表态。景海鹏说："如果再考不上飞行员，我就不活了。"就这样，景海鹏转入解州中学补习。

转入解州中学之后，景海鹏学习更加用功。最早进教室的是他，最晚离开教室的还是他，两三个星期都不回家。另外，他特别注意锻炼身体。功夫不负有心人，他终于成功考上了河北保定航校。

空中的"神射手"

从学校到飞行部队，景海鹏一路拔尖，无论是什么考核，他都是名列前茅，不甘人后。在他的心目中，人一定要干出一番成绩，才能被他人认可。

1988 年，景海鹏顺利从保定航校毕业。1991 年 6 月份，他被分配到

南空驻无锡机场某部，成为一名空军飞行员。凭借出色的表现，几年后他就被任命为领航主管。

景海鹏在担任飞行员期间也一样踏实认真，刻苦钻研飞行技术。他的教员也是他的上级许骥，对这个山西小伙子印象深刻："海鹏比较好强，不服输。"

在景海鹏这批飞行员中，每个人素质都比较高，然而他却是最善于钻研的。每次教员带队飞行时，都要在着陆后讲一讲训练当中的问题。景海鹏对此特别重视，不光认真听，还会去翻很多资料，做些理论上的研究，再加以验证。

1988年，景海鹏所在飞行学校的毕业照

钻研的刻苦与飞行技术的提高是成正比的。有一年，团里在太湖上空进行空靶实弹射击训练，前面一架飞机拖着长长的靶子起飞后，后面两架飞机再跟着起飞，全程保持目视联系，一直跟着这架飞机，等到进入射击空域后，跟在后面的第一架飞机开始瞄准攻击；完成任务后，第二架飞机再开始攻击……这是全团第一次组织这样的高难课目训练，景海鹏驾驶飞机打空靶创出了上海空军的最好纪录——30发炮弹，命中了26发。上海空军的司令员也赶来了，说："我看看小景是怎么打的？"当空靶展示在司令员面前时，他竖起了大拇指，"小景有的炮弹是从一个孔穿出来的。"

— 191 —

钢铁前锋

景海鹏驾机飞行是一名高手，打起篮球来也是一把好手！"景海鹏的球技很棒，在他们这批飞行员中，水平是数一数二的。"许骥说。

团里规定每天都有一个半小时的体育运动时间，常规运动如篮球、长跑等，还有一些针对飞行员的特定项目如悬梯滚轮等，大家比较喜欢的是打篮球，每次都少不了景海鹏，他在篮球场上从来都是非常突出的一个。

其实，这和景海鹏从小就喜欢体育运动是分不开的。他还在上小学二年级时，就整天和高年级的同学打球。因为个子不高，老师说他不能当主力。景海鹏不服输，找一切机会上场。上三年级后，个头高了些，体育老师就把学校里用旧的篮球给他玩，他就在院墙上画一个圈，模拟篮球架投篮。到了部队，他仍然勤加练习，打起篮球来当然是得心应手。直到现在，他仍然是航天员中的"钢铁前锋"。

同时，景海鹏在战友当中的号召力与组织能力也非常突出，在训练基地的时候他就是区队长（相当于班长），到了无锡机场后虽然没有设置这个职务，但大伙儿还是特别"认"他：由他招呼去打篮球，很快一帮人就能聚到一起；教员们要求飞行员自己去完成的一些科目，也都是先交给他，然后再分下去。

不辱使命

景海鹏在无锡机场服役到 1996 年的 11 月 24 日。之后，他参加了航

天体检，1998年1月8日经过复选，他成为中国首批航天员。

在航天员训练期间，景海鹏对自己的要求是"精"，是"细"。和刘伯明搭档后，他有意识地培养自己的协作能力，做到和队友的默契，这也为他们以后的合作打下了牢固的基础。

2005年6月，景海鹏入选"神六"航天员飞行乘组梯队。虽然最后没有飞往太空，但他并不遗憾。他说："航天队伍没有失败者，永远没有失败者。不管谁上，他是一个执行者和实践者，所有人梦想的实践者。"

2008年9月25号，"神舟七号"发射升空，景海鹏与队友终于圆梦太空。

9月27日16时34分左右，出舱活动开始。所有的人都从电视直播中看到，翟志刚费了很大劲，终于打开了舱门、出舱。就在此时，景海鹏突然发现仪表显示轨道舱火灾。事后，经过查实，这只不过是一个传感器虚警。

然而就是这次遭遇火警，让景海鹏和队友们经受了真正的考验。

身处返回舱内的景海鹏，当时心情非常复杂。"翟志刚正在出舱，在太空中非常安静的情况下，突然出现红色报

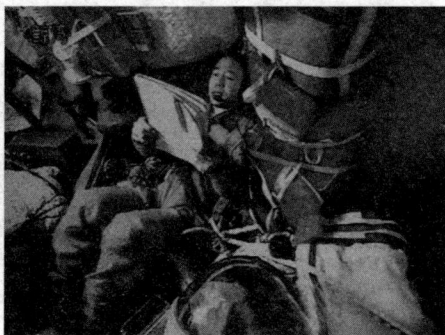

景海鹏在返回舱内与飞控中心通话

警，就在我的正前方。很吓人。同时，还有语音提示'轨道舱火灾'，不停重复。"他说，在地面模拟这种特别情况也训练过，但真实情况出现跟地面心里感觉完全不一样。

为尽快到舱内检查，航天员们临时变更了预先的顺序。刘伯明先将国旗递给翟志刚，趁翟展示国旗的工夫，他赶紧返回舱内检查火警。

找了一圈没找到，他就问景海鹏在第几个点，景海鹏告诉他在第二个点，没有。他又检查食品加热电路，确实没有。

景海鹏又以最快速度检查一遍，对照应急故障手册，看两舱非连通情况下一舱火灾的故障预案。出现火灾后他报告过三次，第一次是"仪表显示轨道舱火灾请地面检查确认"；第二次在屏幕上看着翟志刚出舱，国旗挥完了准备下一个动作的时候，报告"请再次检查"；第三次报告则是让人安心的"火灾信号消失"。

这时候，大家的心里才踏实了。

2008年9月28日傍晚，在亿万中华儿女的注目下，"神七"凯旋归来！景海鹏和另外两名航天员翟志刚、刘伯明圆满完成任务，乘坐"神七"顺利返回祖国大地。

景海鹏正在出舱

2008年11月7日上午10点，庆祝"神舟七号"载人航天飞行圆满成功大会在人民大会堂召开。中共中央、国务院、中央军委授予景海鹏"英雄航天员"称号，胡锦涛总书记亲自为他颁发了航天功勋奖章和证书。

天妒英才——魂断太空的航天员

航天勇士的魂魄虽然留在遥远的太空，但他们所表现出来的百折不挠的探索未知领域的精神却激励、鼓舞后继者更加奋然前行。

"哥伦比亚号"解体

自 1961 年人类首次进入太空以来，威胁航天员健康与生命安全的重大事故已发生过数 10 起，共有 22 名航天员献出了宝贵的生命，其中有 4 人在地面训练和试验时丧生，22 人中有 17 位美国人。

"哥伦比亚号"全体成员

"哥伦比亚号"是美国航空航天局服役时间最长的航天飞机，已有 22 年历史，2003 年 1 月 16 日是它第 28 次升空执行任务。机上共有 6 名美国航天员和 1 名以色列航天员，其中两位是女性。这 7 名航天员分别是：

里克·赫斯本德（Rick Husband），45 岁，航天飞机机长，曾担任空军上校。他 1994 年被美国航空航天局选中，1999 年在国际空间站执行了 10 天任务。这是他第二次进入太空。

伊兰·拉蒙（Llan Ramon），48岁，是第一位进入太空的以色列航天员。拉蒙毕业于特拉维夫大学，获得计算机和电子工程学士学位，曾担任以色列空军上校和战斗机驾驶员。拉蒙从1998年开始在美国航空航天局下属的约翰逊航天中心接受训练。据悉，他母亲是二战中的幸存者。他有4个孩子，一家定居在以色列首都特拉维夫。

"哥伦比亚号"最后一次发射升空

威廉·麦库尔（William McCool），41岁，3个孩子的父亲，曾在美国军队中担任试飞员，是"哥伦比亚号"的驾驶员，首次进入太空。

迈克尔·安德森（Michael Anderson），43岁，曾任美国空军中尉，是美国航空航天局不多的黑人航天员之一。他曾于1998年进入俄罗斯的"和平号"空间站。

戴维·布朗（David Brown），46岁，曾担任美国海军飞机驾驶员和航空军医，1996年成为航天员，是首次进入太空。

卡尔帕纳·查乌拉（Kalpana Chawla）（女），41岁，20世纪80年代由印度移民美国，在"哥伦比亚号"上任飞行工程师。她曾于1997年进入太空，从事太空微重力实验。

劳雷尔·克拉克（Laurel Clark）（女），41岁，有一个8岁的儿子，曾担任美国海军航空军医。她是第一次进入太空。

2003年北京时间2月1日晚10时左右，"哥伦比亚号"航天飞机在返航过程中爆炸坠毁，7名航天员全部遇难。按照原计划，"哥伦比亚号"应于当地时间2月1日上午9∶16在肯尼迪航空中心降落。当时，该航天飞机正以每小时20112千米的飞行速度经过得克萨斯州中北部约60210米的高空。此前，航天飞机内部并没有发出任何异常信号。

但从电视录像显示的图片上看，这架航天飞机在爆炸前似乎已发生分裂解体现象，有碎片从飞船上落下。千百万美国人从电视屏幕上眼睁睁地看到了那难以令人置信的一幕：蓝蓝的天空出现了一个很大的火球，跟着划出了一道长长的弧光，接着一个火球变为两个、三个、四个火球，随即划出两道、三道、四道长长的弧光。

"挑战者号" 爆炸

1986年1月28日，美国"挑战者号"航天飞机从卡纳维拉尔角升空开始了它的第10次太空飞行。72秒后，因右侧助推火箭密封装置出现问题，飞机发生爆炸，7名航天员当场遇难。

灾难发生在当天上午11时38分，"挑战者号"点火起飞，它拖着明亮、辉煌的火柱，以每小时大约3300千米的速度升空，沿着预定的飞行方向直冲云霄。11时39分12秒，也就是"挑战者号"发射后72秒，从1.5

"挑战者号" 爆炸瞬间

万米以上的天空中突然传来一声闷雷似的爆炸声，一个由橘红色的火焰和乳白色烟雾组成的大火球，顷刻之间吞没了"挑战者号"，两枚助推火箭如脱缰野马般拖着白烟从大火球中窜出，漫无目的地向上飞升，最后又随着从大火球中迸裂出来的千万块大大小小拖着白烟的碎片一起散落到大海里。耗资 12 亿美元的美国"挑战者号"航天飞机就这样毁于一旦，机上

7 名航天员全部罹难。

这 7 名为人类开拓新疆域而献身的勇士分别是：新罕布什尔州康科德中学 37 岁的女教师克里斯塔·麦考利夫（Christa McAuliffe）、46 岁的机长迪克·斯科比（Dick Scobee）、40 岁的驾驶员迈克尔·史密斯（Michael Smith）、36 岁的朱迪斯·雷斯尼比（Judith Resnik）、35 岁的罗纳德·麦克奈尔（Ronald McNair）、39 岁的埃利森·奎恩（Ellison Onizuka）和 41 岁的格雷戈里·贾维斯（Gregory Jarvis）。

"阿波罗号" 未升空先着火

1967 年 1 月 27 日，"阿波罗"载人登月飞船在美国肯尼迪航天中心进行地面联合模拟飞行试验时，飞船指令舱意外起火，几十秒内 3 名航天员就被烧死在舱内。这 3 名航天员是弗吉尔·格里索姆（Virgil Grissom）上校、爱德华·怀特（Edward White）中校和罗杰·查菲（Roger

Chaffee）少校。

当时，指挥人员通过监测器看到爱德华·怀特伸手向后想打开舱门。但由于舱内气压上升，舱内气压高于舱外气压，舱门被挤死。透过舱门上的舷窗，火焰清晰可见。顷刻间，随着气流的急速流动，熊熊大火可怕地呼啸着，从航天员们的身体上卷过。随后，指挥舱破裂。在发现火情后5分钟，人们终于打开了最后一道舱门。飞船里充满了致命的浓烟和一氧化碳，人们已无法看清船舱里任何一件东西。但飞船里面已不再有任何生命存在的迹象。事后查明，火灾起因是某些控制系统的电路发生短路激起了电火花。

"阿波罗1号"火灾

其他造成人员伤亡的事故

人类航天史上第一位遇难的航天员：1961年3月23日，被确定为苏联首航太空航天员的邦达连科在充满纯氧的舱室里进行紧张的训练。休息时，他用酒精擦完身上固定过传感器的部位后，随手将酒精棉扔到了一块电极板上。结果，舱内燃起大火，他被严重烧伤，10小时后不治死亡。

1967年4月23日，苏联航天员科马罗夫上校乘坐"联盟1号"飞船进入太空后，飞船屡次出现故障，几经努力难以修复。在返回地面过程中，飞船降落伞失灵，致使飞船以每秒100多米的速度冲向地面，科马

— 199 —

世界航天员轶事

苏联宇航员科马罗夫

罗夫当场被摔死。这是人类航天史上第一位在执行空间飞行任务时献身的航天员。

1971 年 6 月 30 日，苏联"联盟11 号"飞船顺利完成各项任务，在太空实验室中工作了创纪录的 24 天后，在再入大气层前实施返回舱与轨道舱分离时，连接两舱的分离插头分离后，返回舱压力阀门被震开，密封性能被破坏，返回舱内空气泄漏，舱内迅速减压，致使 3 名航天员因急性缺氧和体液沸腾而死亡。